DR. OETKER

SUPER SALATE

Frisch, knackig & deftig

DR. OETKER

SUPER SALATE

Frisch, knackig & deftig

Weltbild

Vorwort

Salate sind nicht nur optisch ein Vergnügen. Alleine die Vielzahl an Blattsalaten kombiniert mit feinen Gemüsen, zarten Fleischstreifen oder Käsespezialitäten lassen jedes Familienessen, Picknick oder Partyvergnügen noch schöner werden. Sie gehören einfach dazu.

Natürlich muss auch Abwechslung her. Je nach Saison und Anlass kommt der leckere Kartoffel- oder Nudelsalat auf den Tisch. Auch darf etwas Süßes nicht fehlen. Obstsalate bestechen durch ihren wunderbaren intensiven Fruchtgeschmack und lassen das Essen angenehm ausklingen. Vielfalt und geschmackliche Originalität ist hier angesagt, die Sie im Verlauf dieses Buches ganz genau kennenlernen.

Eiersalat mit Gorgonzola-Dressing

Zubereitungszeit: 30 Minuten, ohne Abkühlzeit

4 Portionen | Pro Portion: E: 27 g, F: 29 g, Kh: 7 g, kJ: 1683, kcal: 402 | Würzig

Zutaten

500 g grüner Spargel

150 g Staudensellerie

250 ml (¼ l) Wasser

1 TL Salz

1 Prise Zucker

Für das Gorgonzola-Dressing:

150 g Gorgonzola-Käse

125 ml (⅛ l) Milch

100 g Naturjoghurt (1,5 % Fett)

Salz

frisch gemahlener Pfeffer

2 EL Walnusskernhälften

6–8 hart gekochte Eier

1 kleiner Kopf Eichblattsalat

1 kleiner Kopf Radicchio

Zubereitung

1 Vom grünen Spargel das untere Drittel schälen und die Enden abschneiden. Spargelstangen waschen, abtropfen lassen und in 3 cm lange Stücke schneiden. Sellerie putzen, die harten Außenfäden abziehen. Sellerie waschen, abtropfen lassen und in dünne Scheiben schneiden.

2 Wasser mit Salz und Zucker in einem Topf zum Kochen bringen. Spargelstücke hinzufügen, Wasser wieder zum Kochen bringen und die Spargelstücke 5–7 Minuten kochen. Dann die Selleriescheiben hinzufügen und noch etwa 1 Minute mitkochen. Gemüse auf ein Sieb geben, mit kaltem Wasser abschrecken, abtropfen und erkalten lassen.

3 Für das Gorgonzola-Dressing Gorgonzola in Stücke schneiden oder zerbröseln. Milch in einem Topf unter Rühren erwärmen. Käse hinzufügen und darin schmelzen. Käsesauce erkalten lassen.

4 Joghurt unter die Sauce rühren und das Dressing mit Salz und Pfeffer abschmecken.

5 Nüsse grob hacken und in einer Pfanne ohne Fett kurz rösten, dann auf einem Teller erkalten lassen. Eier pellen und vierteln.

6 Salate putzen, die welken Blätter entfernen. Salatblätter vom Strunk zupfen, Radicchio vierteln. Salate abspülen, trocken schleudern und in mundgerechte Stücke zupfen.

7 Salate, Spargel- und Selleriestücke und Eierviertel auf einer Platte anrichten. Dressing darauf geben. Salat mit Walnüssen bestreuen und servieren.

Tipp

Vollkornbrot schmeckt besonders gut dazu. Statt Radicchio können Sie auch roten Chicorée verwenden. Dieser feine Salat mit dem aromatischen Dressing eignet sich auch als raffinierter Vorspeisensalat. Die angegebene Menge reicht dann für etwa 8 Personen. Besonders edel wird der Salat, wenn Sie nur 2–3 Eier verwenden, aber zusätzlich 250 g gegarte Tiefseegarnelen hinzufügen.

Pikanter Eiersalat mit Curry-Mandarinen-Dressing

Zubereitungszeit: 30 Minuten

4 Portionen | Pro Portion: E: 19 g, F: 31 g, Kh: 17 g, kJ: 1769, kcal: 424 | Einfach

Für den Salat:

1 kleine Dose Mandarinen (Abtropfgewicht 175 g)

2 EL ungesalzene, geröstete Erdnusskerne

6–8 hart gekochte Eier

2 Frühlingszwiebeln

500 g Chicorée

Für das Curry-Mandarinen-Dressing:

200 g saure Sahne

1 Becher (150 g) Crème fraîche

Salz

frisch gemahlener Pfeffer

1–2 TL Currypulver

1 Für den Salat Mandarinen auf einem Sieb abtropfen lassen. Erdnüsse grob hacken. Eier pellen und vierteln. Frühlingszwiebeln putzen, abspülen, abtropfen lassen und in dünne Ringe schneiden.

2 Chicorée putzen, abspülen, abtropfen lassen und halbieren. Den Strunk herausschneiden. Einige Chicoréeblätter im Ganzen ablösen. Den restlichen Chicorée in Streifen schneiden.

3 Für das Dressing 2 Esslöffel von den Mandarinen in einer Schüssel fein zerdrücken. Saure Sahne und Crème fraîche unterrühren und das Dressing mit Salz, Pfeffer und Curry würzig abschmecken.

4 Die ganzen Chicoréeblätter auf Tellern anrichten. Restliche Salatzutaten vorsichtig miteinander mischen und auf die Chicoréeblätter geben. Curry-Mandarinen-Dressing darauf träufeln und den Salat mit Curry bestäuben.

Eiersalat mit warmem Speck-Dressing

Zubereitungszeit: 30 Minuten, ohne Auftauzeit

4 Portionen | Pro Portion: E: 18 g, F: 20 g, Kh: 7 g, kJ: 1171, kcal: 280 | Leicht

Zutaten

100 g TK-Erbsen

250 g Porree (Lauch)

3 Stangen Staudensellerie

50 g Frühstücksspeck (Bacon)

1 EL Sonnenblumenöl

3 EL Gemüsebrühe

3–4 EL Weißweinessig

1 TL milder Senf

Salz

frisch gemahlener Pfeffer

¼ TL Zucker oder 1 TL Apfeldicksaft

2 EL Distelöl

100 g junge Spinatblätter

6–8 hart gekochte Eier

Zubereitung

1 Erbsen nach Packungsanleitung auftauen lassen. Porree putzen, die Stangen längs halbieren, gründlich abspülen und abtropfen lassen. Porree in dünne Scheiben schneiden. Sellerie putzen, die harten Außenfäden abziehen, Sellerie abspülen, abtropfen lassen und in dünne Scheiben schneiden.

2 Speck in einer Pfanne ohne Fett knusprig ausbraten, herausnehmen und auf Küchenpapier abtropfen lassen.

3 Sonnenblumenöl in die Pfanne geben und erhitzen. Porree, Sellerie und Erbsen darin unter Wenden etwa 2 Minuten dünsten. Gemüse aus der Pfanne nehmen.

4 Brühe und Essig in die Pfanne geben und verrühren. Dressing mit Senf, Salz, Pfeffer und Zucker oder Apfeldicksaft abschmecken. Distelöl unterschlagen und Dressing warm halten.

5 Spinat verlesen, dicke Stiele entfernen, Spinat gründlich waschen und abtropfen lassen. Eier pellen und in Scheiben schneiden. Spinat und Eier mit dem Gemüse auf Portionstellern anrichten. Speck grob zerbröseln und darauf geben. Das Dressing dazureichen.

Tipp

Statt der Spinatblätter eignet sich auch Feldsalat.

Käsesalat mit Putenbrust

Zubereitungszeit: 30 Minuten

4 Portionen | Pro Portion: E: 48 g, F: 49 g, Kh: 5 g, kJ: 2735, kcal: 653 | Gut vorzubereiten

400 g Emmentaler Käse in Scheiben

300 g Putenbrustaufschnitt

1 Bund Radieschen

1 gelbe Paprikaschote

1 kleine Stange Porree (Lauch)

Für die Vinaigrette:

50 ml Rotweinessig

Salz

frisch gemahlener Pfeffer

1 Prise Zucker

5 EL Sonnenblumenöl

35 g Sonnenblumenkerne

1 Käse in schmale Streifen schneiden und in eine Schüssel geben. Putenbrust ebenfalls in feine Streifen schneiden.

2 Radieschen putzen, waschen, abtropfen lassen und vierteln. Paprikaschote halbieren, entstielen, entkernen und die weißen Scheidewände entfernen. Schote waschen, abtropfen lassen und in Streifen schneiden. Porree putzen, die Stange längs halbieren, waschen, gut abtropfen lassen und in sehr feine Streifen schneiden.

3 Für die Vinaigrette Essig mit Salz, Pfeffer und Zucker verrühren. Öl unterschlagen. Putenbrust und Gemüse unter den Käse mischen. Den Salat mit Sonnenblumenkernen bestreuen und die Vinaigrette über den Salat träufeln.

Möhren-Mozzarella-Salat

Zubereitungszeit: 30 Minuten

4 Portionen | Pro Portion: E: 18 g, F: 33 g, Kh: 13 g, kJ: 1792, kcal: 429 | Für Kinder

Zutaten

2 EL Pinienkerne

1 kg junge Möhren mit Grün

1 Bio-Zitrone (unbehandelt)

5–6 Stängel Thymian

1 EL Butter

3 EL Distelöl

Salz

frisch gemahlener Pfeffer

1 TL flüssiger Honig

2–3 EL Apfelessig

300 g Mini-Mozzarella-Kugeln

1 EL Pesto (aus dem Glas)

einige frische Basilikumblätter

Zubereitung

1 Pinienkerne in einer Pfanne ohne Fett hellbraun rösten und erkalten lassen.

2 Möhren putzen, dabei etwas frisches Grün stehen lassen. Möhren evtl. schälen oder gründlich abbürsten, abspülen und abtropfen lassen. Möhren der Länge nach, je nach Dicke, halbieren oder vierteln.

3 Zitrone heiß waschen, abtrocknen und etwa die Hälfte der Schale fein abreiben. Zitrone halbieren und auspressen. Thymian abspülen und trocken tupfen. Butter und Öl in einer großen Pfanne erhitzen und Möhren mit Thymian darin unter Wenden andünsten, mit Zitronensaft und -schale, Salz und Pfeffer würzen. Möhren bei schwacher Hitze 7–9 Minuten dünsten.

4 Honig mit Essig verrühren und die Möhren damit beträufeln.

5 Mozzarella-Kugeln abtropfen lassen und mit Pesto und den Möhren mischen. Basilikum abspülen und trocken tupfen. Salat mit Pinienkernen bestreut und Basilikum garniert servieren.

Tipp

Ciabatta passt sehr gut zu diesem Salat. Anstatt der Mini-Mozzarella-Kugeln kann 250 g gewürfelter Mozzarella verwendet werden. Statt Möhren schmeckt auch gegarter grüner Spargel auf diese Art köstlich.

Mozzarella-Nudel-Salat

Zubereitungszeit: 40 Minuten, ohne Durchziehzeit

8–10 Portionen | Pro Portion: E: 25 g, F: 34 g, Kh: 53 g, kJ: 2587, kcal: 619 | Beliebt

Zutaten

5 l Wasser

5 TL Salz

500 g dreifarbige Farfalle-Nudeln (Schmetterlingsnudeln)

Für die Salatsauce:

5 EL Weißweinessig

2 EL Basilikumessig oder Kräuteressig

1 TL Salz

2 TL Zucker

1 TL geschroteter Pfeffer

150 ml Olivenöl

5 EL Wasser

1 Topf Basilikum

80 g gestiftelte Mandeln oder Pinienkerne

500 g Mozzarella

500 g Cocktailtomaten

500 g kleine Champignons

2 Dosen Gemüsemais (Abtropfgewicht je 285 g)

1 großer Kopf Radicchio

1 Bund Frühlingszwiebeln

Zubereitung

1 Wasser in einem großen Topf zugedeckt zum Kochen bringen. Salz und Nudeln hinzufügen und die Nudeln nach Packungsanleitung im geöffneten Topf garen. Nudeln auf ein Sieb gießen, mit kaltem Wasser abspülen, abtropfen und erkalten lassen.

2 Für die Salatsauce beide Essigsorten mit Salz, Zucker und Pfeffer gut verrühren. Öl und Wasser nach und nach unterschlagen. Basilikum abspülen, trocken tupfen und die Blättchen von den Stängeln zupfen. Blättchen fein schneiden und unterrühren. Die Salatsauce mit den Nudeln mischen und 1–2 Stunden durchziehen lassen.

3 Mandeln oder Pinienkerne in einer Pfanne ohne Fett goldbraun rösten und erkalten lassen. Mozzarella gut abtropfen lassen und in kleine Würfel schneiden. Cocktailtomaten waschen, abtrocknen und halbieren, evtl. Stängelansätze herausschneiden. Champignons putzen, mit Küchenpapier abreiben, evtl. abspülen und gut abtropfen lassen. Champignons halbieren.

4 Mais auf einem Sieb abtropfen lassen. Radicchio putzen, vierteln, abspülen, abtropfen lassen und den Strunk herausschneiden. Radicchio in Streifen schneiden. Frühlingszwiebeln putzen, abspülen, abtropfen lassen und in feine Ringe schneiden.

5 Mozzarellawürfel, Cocktailtomaten, Champignons, Mais, Radicchiostreifen und Frühlingszwiebelringe mit den Nudeln vermengen. Nudelsalat evtl. nochmals mit Salz und Pfeffer abschmecken und mit Mandelstiften oder Pinienkernen bestreut servieren.

Tipp

Statt Farfalle-Nudeln können Sie auch Penne oder kleine Maccheroni verwenden.

Pikanter Käsesalat

Zubereitungszeit: 20 Minuten

4 Portionen | Pro Portion: E: 34 g, F: 60 g, Kh: 23 g, kJ: 3218, kcal: 768 | Fruchtig

2 EL abgezogene Mandeln

Für die Vinaigrette:

3 EL Apfelessig

2 EL Apfel- oder Orangensaft

1 Prise Zucker

Salz

frisch gemahlener Pfeffer

½ TL mittelscharfer Senf

1 TL geriebener Meerrettich (aus dem Glas)

3 EL Sonnenblumenöl

2 EL Mandelöl

6 getrocknete Soft-Aprikosen

Für den Salat:

300 g kernlose blaue Weintrauben

250 g Emmentaler am Stück

250 g mittelalter Gouda am Stück

2 Kolben roter oder bunter Chicorée

150 g Radicchio

1 Mandeln in einer Pfanne ohne Fett goldbraun rösten, herausnehmen und erkalten lassen.

2 Für die Vinaigrette Essig mit Saft, Zucker, Salz, Pfeffer, Senf und Meerrettich in einer Schüssel verrühren. Ölsorten unterschlagen. Aprikosen in feine Streifen schneiden und unter die Vinaigrette rühren.

3 Für den Salat Weintrauben waschen, trocken tupfen und halbieren. Beide Käsesorten in Würfel schneiden.

4 Von Chicorée und Radicchio die äußeren Blätter entfernen. Chicorée und Radicchio waschen und gut abtropfen lassen. Chicorée halbieren und die Strünke herausschneiden. Salate in mundgerechte Stücke schneiden. Salatzutaten miteinander mischen und in Portionsschälchen anrichten. Salat mit der Vinaigrette beträufeln.

Tipp

Milder hochwertiger Apfelessig wird aus Apfelwein hergestellt und hat ein ausgeprägtes Apfelaroma. Der hochwertige, leicht süßlich-aromatische Essig sollte möglichst in dunklen Flaschen (schon beim Kauf ein Qualitäts-Merkmal) aufbewahrt werden, die Schutz vor Sauerstoff- und Lichteinwirkung bieten, da diese das Aroma verändern können und die Haltbarkeit reduzieren.

Harzer-Käse-Salat mit Curry-Vinaigrette

Zubereitungszeit: 20 Minuten

4 Portionen | Pro Portion: E: 32 g, F: 13 g, Kh: 6 g, kJ: 1175, kcal: 281 | Kalorienarm

Für die Curry-Vinaigrette:

3 EL Sherry-Essig

1 Prise Zucker

¼ TL Currypulver

Salz

frisch gemahlener Pfeffer

2 EL Kürbiskernöl

3–4 EL Distel- oder Sonnenblumenöl

400 g Harzer Käse

1 Bund Radieschen

2 rote Zwiebeln

4 mittelgroße Tomaten

1 kleiner Kopf Frisée-Salat

50 g Radieschensprossen

1 Für die Vinaigrette Essig mit Zucker, Curry, Salz und Pfeffer verrühren. Beide Ölsorten unterschlagen, nochmals mit den Gewürzen abschmecken.

2 Käse in Scheiben schneiden. Radieschen putzen, abspülen, abtropfen lassen und in Scheiben schneiden. Zwiebeln abziehen, halbieren und in feine Ringe schneiden. Tomaten waschen, abtrocknen, halbieren und die Stängelansätze herausschneiden. Tomaten in Spalten schneiden.

3 Salat putzen und evtl. welke äußere Blätter entfernen. Salat abspülen, trocken schleudern und in mundgerechte Stücke zupfen. Sprossen verlesen, abspülen und gut abtropfen lassen.

4 Radieschenscheiben, Tomatenachtel, Zwiebelringe und Salat mischen und auf Tellern verteilen. Käsescheiben und Sprossen darauf anrichten. Die Curry-Vinaigrette zum Salat reichen.

Eisbergsalat mit Ziegenkäse und Sherry-Pflaumen

Zubereitungszeit: 35 Minuten

4 Portionen | Pro Portion: E: 21 g, F: 33 g, Kh: 28 g, kJ: 2093, kcal: 502 | Mit Alkohol

150 g entsteinte Backpflaumen

3 EL Sherry

1 kleiner Kopf Eisbergsalat

150 g Cocktailtomaten

200 g schnittfester Ziegenkäse

Für die Salatsauce:

2 EL Schlagsahne

1–2 EL Sherry

1 EL flüssiger Honig

3 EL Sherry-Essig

Salz

frisch gemahlener Pfeffer

50 ml Olivenöl

80 g Frühstücksspeck (Bacon)

1 Pflaumen mit Sherry beträufeln und etwa 20 Minuten durchziehen lassen.

2 In der Zwischenzeit Eisbergsalat putzen, vierteln, abspülen und trocken schleudern. Salat in mundgerechte Stücke schneiden. Tomaten waschen und trocken tupfen. Ziegenkäse in Würfel schneiden. Salat, Tomaten und Käse vorsichtig mischen und auf einer großen Platte anrichten.

3 Für die Salatsauce Sahne mit Sherry, Honig und Essig verrühren und mit Salz und Pfeffer abschmecken. Öl unterschlagen.

4 Den Speck in einer erhitzten Pfanne kross braten. Speck auf dem Salat verteilen, die Pflaumen darauf verteilen und den Salat mit der Sauce servieren.

Eisberg-Camembert-Salat mit Joghurt-Senf-Dressing

Zubereitungszeit: 15 Minuten

4 Portionen | Pro Portion: E: 20 g, F: 27 g, Kh: 6 g, kJ: 1502, kcal: 359 | Einfach

Zutaten

2 EL gehackte Haselnusskerne

Für das Joghurt-Senf-Dressing:

150 g Vollmilch-Joghurt

2 EL Zitronensaft

1–2 TL milder Senf

1–2 EL Nussöl, z. B. Walnussöl

Salz

frisch gemahlener Pfeffer

Zucker

1 Kopf Eisbergsalat

2 mittelgroße Möhren

75 g rosé Champignons

300 g Camembert

1 Kästchen Kresse

Zubereitung

1 Nüsse in einer Pfanne ohne Fett hellbraun rösten, herausnehmen und erkalten lassen.

2 Für das Dressing Joghurt mit Zitronensaft und Senf verrühren. Öl unterschlagen und das Dressing mit Salz, Pfeffer und Zucker abschmecken.

3 Eisbergsalat vierteln, abspülen, trocken schleudern und in mundgerechte Stücke schneiden. Möhren putzen, schälen, abspülen, abtropfen lassen und in feine Streifen schneiden oder grob raspeln.

4 Champignons putzen, mit Küchenpapier abreiben, evtl. kurz abspülen und gut abtropfen lassen. Champignons in Scheiben schneiden. Käse halbieren und in Scheiben schneiden.

5 Kresse abspülen, trocken tupfen und abschneiden. Eisbergsalat mit Möhren, Champignons und Käse vorsichtig vermischen. Das Joghurt-Senf-Dressing darauf geben und den Salat mit Nüssen und Kresse bestreut servieren.

Tipp

Der Salat schmeckt am besten mit knackigem kräftigen Blattsalat, wie Eisbergsalat, Römersalat oder auch Radicchio oder Chicorée.
Wer es etwas aromatischer mag, verwendet Rohmilch-Camembert oder -Brie (z. B. Camembert d'Isigny oder Brie de Meaux).

Rucolasalat mit pochierten Eiern

Zubereitungszeit: 30 Minuten

4 Portionen | Pro Portion: E: 24 g, F: 42 g, Kh: 17 g, kJ: 2238, kcal: 534 | Für Gäste

60 g Pinienkerne

150 g eingelegte rote Paprikaschoten (gehäutet, aus dem Glas)

4 Toastbrotscheiben

3–4 EL Olivenöl

250 g Rucola (Rauke)

2 Schalotten

Für die Balsamico-Vinaigrette:

6 EL Balsamico-Essig

1 TL Salz, Pfeffer, 1 Prise Zucker

3–4 EL Speiseöl, z. B. Rapsöl

8 Scheiben Frühstücksspeck (Bacon)

4 EL Weißweinessig, 8 Eier

1 Pinienkerne in einer Pfanne ohne Fett rösten und auf einem Teller erkalten lassen. Paprika auf einem Sieb abtropfen lassen und in Streifen schneiden.

2 Toastbrotscheiben in kleine Würfel schneiden. Olivenöl in einer Pfanne erhitzen und die Brotwürfel darin knusprig rösten.

3 Rucola verlesen und evtl. dicke Stängel abschneiden. Rucola waschen und trocken schleudern. Schalotten abziehen, halbieren und in feine Würfel schneiden.

4 Für die Balsamico-Vinaigrette Balsamico-Essig mit Schalottenwürfeln, Salz, Pfeffer und Zucker verrühren, Speiseöl unterrühren.

5 Speckscheiben in einer Pfanne ohne Fett knusprig braten, dann auf Küchenpapier etwas abtropfen lassen.

6 Wasser (500 ml) mit Essig in einem Topf zum Kochen bringen. 4 Eier einzeln in eine Tasse aufschlagen und vorsichtig in das siedende Wasser gleiten lassen. Eiweiß sofort mit 2 Esslöffeln an das Eigelb schieben. Eier bei schwacher Hitze in 4–5 Minuten gar ziehen lassen.

7 Die garen Eier mit einem Schaumlöffel herausnehmen, kurz in kaltes Wasser tauchen und abtropfen lassen. Restliche Eier auf die gleiche Weise zubereiten.

8 Rucola mit Paprikastreifen, Pinienkernen, Speck und pochierten Eiern auf 4 Tellern anrichten, mit der Vinaigrette beträufeln und die gerösteten Brotwürfel darauf streuen.

Rucola mit Parmesan *(Titelrezept)*

Zubereitungszeit: 25 Minuten

4 Portionen | Pro Portion: E: 16 g, F: 44 g, Kh: 6 g, kJ: 1980, kcal: 472 | Schnell

60 g Pinienkerne

250 g Rucola (Rauke)

400 g Cocktailtomaten

120 g Parmesan

Für die Vinaigrette:

4–6 EL Balsamico-Essig

1 TL flüssiger Honig

Salz, Pfeffer, 10 EL Olivenöl

1 Pinienkerne in einer Pfanne ohne Fett goldbraun rösten und erkalten lassen. Rucola verlesen und dicke Stängel abschneiden, Rucola waschen und trocken tupfen oder trocken schleudern. Blätter in mundgerechte Stücke schneiden.

2 Cocktailtomaten waschen, abtrocknen, halbieren und die Stängelansätze herausschneiden. Parmesan hobeln.

3 Für die Vinaigrette Essig mit Honig, Salz und Pfeffer verrühren. Öl unterschlagen.

4 Rucola auf einer Platte anrichten und Tomatenhälften darauf verteilen. Mit der Vinaigrette beträufeln. Salat mit Pinienkerne bestreuen und mit Parmesan servieren.

Fenchel-Reis-Salat

Zubereitungszeit: 45 Minuten, ohne Abkühl- und Durchziehzeit

2 Portionen | Pro Portion: E: 7 g, F: 7 g, Kh: 73 g, kJ: 1691, kcal: 404 | Fettarm

100 g Naturreis

300 ml Gemüsebrühe

Saft von 1 Zitrone

Saft von 1 Orange

1 EL flüssiger Honig

1 TL Fünf-Gewürze-Pulver

1 Msp. Salz

1 EL Speiseöl, z. B. Olivenöl

2 Äpfel (je 150 g)

1 Fenchelknolle (250 g)

1 rote Paprikaschote (200 g)

1 Reis mit Brühe in einen Topf geben, zum Kochen bringen und zugedeckt bei schwacher Hitze in 30–40 Minuten ausquellen lassen. Reis auf ein Sieb geben, abtropfen und erkalten lassen.

2 Zitronen- und Orangensaft mit Honig, Gewürzpulver und Salz verrühren. Öl unterschlagen.

3 Äpfel waschen, abtrocknen, vierteln, entkernen und würfeln, sofort mit der Saftmischung verrühren. Fenchel putzen, waschen und abtropfen lassen.

4 Paprika halbieren, entstielen, entkernen und die weißen Scheidewände entfernen. Paprika abspülen und abtropfen lassen. Fenchel in Streifen und Paprika in Würfel schneiden.

5 Apfelmischung mit den Gemüsewürfeln unter den Reis mischen und mindestens eine Stunde durchziehen lassen.

Tipp

Den Reis bereits am Vortag zubereiten und kalt stellen. Der Salat ist gut zum Mitnehmen geeignet.

Champignon-Reis-Salat

Zubereitungszeit: 50 Minuten, ohne Abkühl- und Durchziehzeit

2 Portionen | Pro Portion: E: 10 g, F: 7 g, Kh: 55 g, kJ: 1357, kcal: 325 | Kalorienarm

100 g Naturreis

300 ml Gemüsebrühe

2 Frühlingszwiebeln

100 g fettarmer Naturjoghurt (1,5 % Fett)

50 g Joghurt-Salatcreme (15 % Fett)

Salz

frisch gemahlener Pfeffer

1 Msp. Zucker

¼ TL Cayennepfeffer

100 g rosa oder weiße Champignons

1 TL Speiseöl, z. B. Olivenöl

200 g Möhren

1 gelbe Paprikaschote (200 g)

2 EL Schnittlauchröllchen

1 Reis mit Brühe in einen Topf geben, zum Kochen bringen und zugedeckt bei schwacher Hitze in 30–40 Minuten ausquellen lassen. Reis auf ein Sieb geben, abtropfen und erkalten lassen.

2 Frühlingszwiebeln putzen, abspülen, abtropfen lassen und in feine Ringe schneiden. Joghurt mit Salatcreme verrühren und mit Salz, Pfeffer, Zucker und Cayennepfeffer abschmecken, mit Frühlingszwiebelringen unter den Reis rühren. Die Mischung etwa 30 Minuten kalt stellen.

3 Champignons putzen, mit Küchenpapier abreiben, evtl. abspülen, abtropfen lassen und halbieren oder in Scheiben schneiden. Öl in einer Pfanne erhitzen und die Champignons unter Rühren darin etwa 2 Minuten braten, mit Salz und Pfeffer abschmecken und kalt stellen.

4 Möhren putzen, schälen, abspülen und abtropfen lassen. Möhren längs halbieren und in feine Stifte schneiden. Paprikaschote halbieren, entstielen, entkernen und die weißen Scheidewände entfernen. Schote waschen, abtropfen lassen und fein würfeln.

5 Champignons, Möhrenstifte, Paprikawürfel und Schnittlauchröllchen unter die Reismischung rühren. Den Salat nochmals 30 Minuten kalt gestellt durchziehen lassen.

Tipp

Der Salat lässt sich gut vorbereiten und eignet sich gut zum Mitnehmen.

Tomatensalat mit überbackenem Ziegenkäse

Zubereitungszeit: 30 Minuten, ohne Durchziehzeit

4 Portionen | Pro Portion: E: 21 g, F: 31 g, Kh: 27 g, kJ: 2000, kcal: 478 | Raffiniert

1 Dose weiße Bohnenkerne (Abtropfgewicht 240 g)

Für das Dressing:

einige Kräuterstängel, z. B. Zitronenthymian und Basilikum

4–5 EL Limettensaft

3–4 TL Apfeldicksaft oder 2–3 TL flüssiger Honig

Salz

frisch gemahlener Pfeffer

½ Knoblauchzehe

3–4 EL Olivenöl

1 kleine Fenchelknolle

800 g Fleischtomaten

300 g Ziegenkäserolle (Weichkäse mit weißem Edelpilz aus Ziegenkäse)

2–3 TL Apfeldicksaft oder 2 TL flüssiger Honig

3 EL Pinienkerne

1 Bohnenkerne auf ein Sieb geben, mit kaltem Wasser abspülen und gut abtropfen lassen.

2 Für das Dressing Kräuter abspülen und trocken tupfen. Einige kleine Stängel zum Garnieren beiseitelegen. Von den restlichen Stängeln die Blättchen abzupfen und fein hacken.

3 Limettensaft mit Apfeldicksaft oder Honig, Salz und Pfeffer verrühren. Knoblauch abziehen und fein hacken, mit den Kräutern hinzufügen. Öl unterschlagen und das Dressing mit den Bohnen vermischen.

4 Fenchel putzen, abspülen und abtropfen lassen. Fenchel in sehr feine Streifen schneiden. Tomaten waschen, abtrocknen, halbieren und die Stängelansätze herausschneiden. Tomaten in Spalten schneiden und mit den Fenchelstreifen auf einer Platte anrichten. Bohnen darauf verteilen und das Ganze etwa 15 Minuten ziehen lassen.

5 Käse in etwa 1 ½ cm dicke Scheiben schneiden und mit den Schnittflächen nach oben in eine Auflaufform (gefettet) setzen. Käsescheiben mit Apfeldicksaft oder Honig beträufeln und mit Pinienkernen bestreuen. Die Auflaufform auf dem Rost in den vorgeheizten Backofen schieben und unter dem Grill den Käse bei etwa 240 °C grillen oder bei Ober-/Unterhitze: etwa 220 °C kurz erhitzen, bis die Pinienkerne leicht gebräunt sind.

6 Den Käse aus der Form nehmen und auf dem Salat anrichten. Den Salat mit beiseite gelegten Kräuterstängeln garnieren.

Tipp

Ein besonderes Aroma erhalten Sie, wenn Sie die Käsescheiben mit einem Mix aus Sonnenblumen-, Kürbis- und Pinienkernen bestreuen.

Tomaten-Zwiebel-Salat

Zubereitungszeit: 20 Minuten

4–6 Portionen | Pro Portion: E: 6 g, F: 18 g, Kh: 6 g, kJ: 890, kcal: 213 | Für Gäste

1 Gemüsezwiebel

500 g Tomaten

3 hart gekochte Eier

1 EL gehackte, glatte Petersilie

½ TL Salz

frisch gemahlener Pfeffer

Für das Dressing:

2 EL Crème fraîche

1 TL mittelscharfer Senf

1–2 EL Kräuteressig

Salz

1 Prise Zucker

frisch gemahlener Pfeffer

5–6 EL Olivenöl

2 EL gehackte Kräuter,
z. B. Schnittlauch, Petersilie, Oregano

1 Zwiebel abziehen und in Scheiben schneiden. Tomaten waschen, abtrocknen, halbieren und die Stängelansätze herausschneiden. Eier pellen. Tomaten und Eier in Scheiben schneiden. Die vorbereiteten Zutaten abwechselnd mit Petersilie lagenweise in eine Salatschüssel schichten, dabei die Eier- und die Tomatenscheiben mit Salz und Pfeffer bestreuen.

2 Für das Dressing Crème fraîche mit Senf und Essig verrühren und mit Salz, Zucker und Pfeffer abschmecken. Öl unterschlagen und Kräuter unterrühren. Das Dressing über die Salatzutaten geben und den Salat bis zum Servieren kalt stellen.

Variante: Für einen schnellen Tomatensalat 750 g kleine, feste Tomaten waschen, abtrocknen, halbieren und die Stängelansätze herausschneiden. Tomaten in Scheiben schneiden. Für die Sauce 1 kleine Zwiebel abziehen, fein würfeln und mit 2 Esslöffeln Essig (z. B. Weißwein- oder Kräuteressig), Salz, Pfeffer und Zucker verrühren. 4 Esslöffel Speiseöl (z. B. Olivenöl) unterschlagen. Die Sauce mit den Tomatenscheiben mischen und den Salat kurz durchziehen lassen.

Tipp

Die Zwiebelscheiben werden bekömmlicher, wenn sie kurz in Essig-Salzwasser blanchiert werden.

Amerikanischer Salat

Zubereitungszeit: 20 Minuten
2 Portionen | Pro Portion: E: 6 g, F: 2 g, Kh: 48 g, kJ: 1040, kcal: 248 | Preiswert – fettarm

Für das Joghurtdressing:

150 g Magermilchjoghurt

3 EL gemischte, gehackte Kräuter, z. B. Petersilie, Schnittlauch

1 EL Obstessig oder Zitronensaft

Salz

frisch gemahlener Pfeffer

Zucker

2 Bananen

3 rote Äpfel

150 g Staudensellerie

1 kleiner Kopf Eisbergsalat

1 Für das Dressing Joghurt in einer Schüssel glatt rühren. Kräuter und Obstessig oder Zitronensaft zum Joghurt geben und unterrühren. Dressing mit Salz, Pfeffer und Zucker abschmecken.

2 Bananen schälen und in Scheiben schneiden. Äpfel waschen, abtrocknen, vierteln, entkernen und ebenfalls in Scheiben schneiden. Sellerie putzen, die harten Außenfäden abziehen, waschen und abtropfen lassen. Sellerie in feine Scheiben schneiden. Bananen-, Apfel- und Selleriescheiben mit dem Joghurtdressing vermischen.

3 Eisbergsalat putzen. Salatblätter vom Strunk schneiden, waschen, gut abtropfen lassen oder trocken schleudern und in etwa 2 cm breite Streifen schneiden. Salatstreifen unter den Salat mischen und sofort servieren.

Grüner Sommersalat mit Parmesan-Dressing

Zubereitungszeit: 45 Minuten

4 Portionen | Pro Portion: E: 22 g, F: 19 g, Kh: 27 g, kJ: 1589, kcal: 379 | Dauert länger

400 g grüne Bohnen

150 g Zuckerschoten

500 g grüner Spargel

150 g dicke Bohnenkerne (frisch, TK oder aus dem Glas)

500 g Brokkoli

Salzwasser

2 EL gehobelte Mandeln

Für das Dressing:

150 g Joghurt-Salatcreme

100 g Naturjoghurt (3,5 % Fett)

½ TL milder Senf

2 EL Zitronensaft

6 EL Gemüse-Kochwasser

1 Knoblauchzehe

25 g frisch geriebener Parmesan

Salz

frisch gemahlener Pfeffer

einige Spritzer Worcestersauce

1 Grüne Bohnen und Zuckerschoten putzen, evtl. abfädeln. Spargel im unteren Drittel schälen und die Enden abschneiden. Bohnen, Zuckerschoten und Spargel waschen, abtropfen lassen und in Stücke schneiden.

2 Bohnenkerne vorbereiten (frisch Bohnenkerne aus den Schoten lösen, TK-Bohnenkerne auftauen lassen, Bohnenkerne aus dem Glas auf einem Sieb abtropfen lassen).

3 Brokkoli putzen und in Röschen teilen. Dicke Stiele abschneiden und schälen. Röschen und Stiele waschen und abtropfen lassen.

4 Salzwasser in einem Topf zum Kochen bringen und nacheinander grüne Bohnen etwa 8 Minuten, frische und TK-Bohnenkerne etwa 15 Minuten, Spargel etwa 5 Minuten, Brokkoli etwa 6 Minuten und Zuckerschoten etwa 2 Minuten darin garen. Das Gemüse jeweils mit einem Schaumlöffel aus dem Topf nehmen, auf ein Sieb geben, mit kaltem Wasser abschrecken und gut abtropfen lassen. Vom Kochwasser 6 Esslöffel abmessen.

5 Mandeln in einer Pfanne ohne Fett hellbraun rösten und auf einem Teller erkalten lassen.

6 Für das Dressing Salatcreme mit Joghurt, Senf, Zitronensaft und abgemessenem Gemüse-Kochwasser verrühren. Knoblauch abziehen und fein hacken. Parmesan hinzugeben und unterrühren. Dressing mit Salz, Pfeffer und Worcestersauce abschmecken.

7 Gemüse auf einer großen Platte anrichten, mit dem Dressing beträufeln und mit den gerösteten Mandeln bestreuen.

Tipp

Geben Sie etwas gehobelten Parmesan oder einige gebratene Knoblauch-Garnelen auf den Salat. Je nach Belieben können Sie die Gemüsezutaten für diesen Salat variieren. Wenn es einmal schnell gehen soll, servieren Sie das Dressing einfach nur mit 2 verschiedenen Gemüsesorten, die rasch vorbereitet sind (z. B. Brokkoli und grüner Spargel). Sie können auch TK-Gemüse verwenden, dann darauf achten, dass dieses nicht zu weich gegart wird.

Linsensalat mit Senfdressing

Zubereitungszeit: 60 Minuten, ohne Durchziehzeit

6 Portionen | Pro Portion: E: 25 g, F: 19 g, Kh: 52 g, kJ: 2082, kcal: 493 | Zum Vorbereiten

Zutaten

Für den Salat:

500 g Tellerlinsen

1 ¾ l Gemüsebrühe

1 Gemüsezwiebel

2 Möhren

200 g Knollensellerie

1 Stange Porree (Lauch, etwa 400 g)

Für das Dressing:

1 geh. EL Mayonnaise

2 geh. EL milder Senf

60 ml Speiseöl

60 ml Gemüsebrühe

1 Prise Zucker

Salz

frisch gemahlener Pfeffer

2 EL milder Weißweinessig

½ Kästchen Kresse

Zubereitung

1 Für den Salat Linsen abspülen und abtropfen lassen, mit der Gemüsebrühe zum Kochen bringen und etwa 45 Minuten darin garen (sie sollten noch etwas Biss haben).

2 In der Zwischenzeit Gemüsezwiebel, Möhren, Sellerie und Porree putzen, schälen, waschen und in feine Würfel oder Streifen schneiden. Gemüsewürfel etwa 10 Minuten vor Ende der Garzeit zu den Linsen geben und mitkochen lassen.

3 Alles auf ein Sieb geben, dabei die Gemüsebrühe auffangen. Das Linsengemüse unter fließendem kalten Wasser abschrecken und gut abtropfen lassen. Die Zutaten erkalten lassen.

4 Für das Dressing Mayonnaise mit Senf verrühren. Öl nach und nach unterschlagen. Von der aufgefangenen Gemüsebrühe 60 ml abmessen, unterrühren und das Dressing mit Zucker, Salz, Pfeffer und Essig abschmecken.

5 Das Dressing mit dem Salat vermischen, gut durchziehen lassen und bis zum Verzehr kalt stellen. Kresse abspülen, trocken tupfen, abschneiden und den Salat vor dem Servieren damit garnieren.

Tipp

Dazu kleine ofenwarme Zwiebelbrötchen servieren.

Antipasti-Salat

Zubereitungszeit: 20 Minuten, ohne Durchziehzeit

4 Portionen | Pro Portion: E: 21 g, F: 61 g, Kh: 5 g, kJ: 2750, kcal: 657 | Gut vorzubereiten

250 g Cocktailtomaten

einige gemischte Kräuterstängel, z. B. je 3–4 Stängel Basilikum, Thymian, Rosmarin

1 Knoblauchzehe

1 Glas grüne Oliven ohne Stein (Abtropfgewicht 170 g)

1 Glas schwarze Oliven ohne Stein (Abtropfgewicht 170 g)

400 g kleine Mozzarella-Kugeln

3 EL Balsamico-Essig

Salz

frisch gemahlener Pfeffer

8 EL Olivenöl

1 Cocktailtomaten waschen, trocken tupfen, halbieren und die Stängelansätze herausschneiden. Cocktailtomatenhälften in eine Schüssel geben.

2 Kräuterstängel abspülen und trocken tupfen. Die Blättchen oder Nadeln von den Stängeln zupfen und fein hacken. Knoblauch abziehen und fein würfeln.

3 Oliven und Mozzarella-Kugeln getrennt auf Sieben abtropfen lassen. Balsamico-Essig mit Kräutern und Knoblauch verrühren und mit Salz und Pfeffer würzen. Olivenöl unterschlagen. Dressing mit Oliven, Mozzarella-Kugeln und Cocktailtomaten mischen.

4 Den Salat kalt gestellt etwa 1 Stunde durchziehen lassen, dabei gelegentlich umrühren.

Tipp

Statt kleiner Mozzarella-Kugeln können Sie auch 400 g Mozzarella in kleine Würfel schneiden. Dieser Salat eignet sich sehr gut als Vorspeise für 6–8 Personen.

Griechischer Bauernsalat

Zubereitungszeit: 20 Minuten

4 Portionen | Pro Portion: E: 10 g, F: 26 g, Kh: 6 g, kJ: 1248, kcal: 297 | Beliebt

375 g Salatgurke

400 g Tomaten

125 g Gemüsezwiebel

75 g schwarze Oliven

200 g griechischer Schafskäse

Für das Dressing:

2 EL Weißweinessig

Salz

frisch gemahlener Pfeffer

Zucker

5 EL Olivenöl

einige Kräuterblättchen,
z. B. Majoran oder Basilikum

1 Gurke schälen und die Enden abschneiden. Gurke längs halbieren, evtl. entkernen und in dünne Scheiben schneiden. Tomaten waschen, abtrocknen, halbieren und die Stängelansätze herausschneiden. Tomaten in Stücke schneiden.

2 Gemüsezwiebel abziehen und in dünne Scheiben schneiden. Oliven abtropfen lassen. Schafskäse in dünne Scheiben schneiden. Die vorbereiteten Zutaten auf einer großen Platte anrichten.

3 Für das Dressing Essig mit Salz, Pfeffer und Zucker verrühren. Öl unterschlagen. Das Dressing über die Salatzutaten geben. Salat mit Kräuterblättchen bestreuen und servieren.

Variante: Schopska-Salat

Ersetzen Sie die Oliven durch etwa 300 g grüne Spitzpaprika. Zusätzlich benötigen Sie noch 1–2 Esslöffel Olivenöl zum Braten sowie Kräuteressig und Olivenöl statt des oben angegebenen Dressings. Tomaten, Gurke und Gemüsezwiebel wie oben angegeben vorbereiten. Spitzpaprika halbieren, entstielen, entkernen und die weißen Scheidewände entfernen. Die Schoten waschen, abtropfen lassen und in Stücke schneiden. Olivenöl in einer Pfanne erhitzen und die Paprikastücke kurz darin anbraten. Schafskäse raspeln. Vorbereitetes Gemüse miteinander vermischen und mit Salz und Pfeffer würzen. Salat mit dem Schafskäse bestreuen. Essig und Öl getrennt dazu reichen.

Bunter Feldsalat mit Grapefruit

Zubereitungszeit: 20 Minuten

4 Portionen | Pro Portion: E: 9 g, F: 21 g, Kh: 10 g, kJ: 1142, kcal: 273 | Kalorienarm

2 EL gestiftelte Mandeln

1 rosa Grapefruit

Für das Rosmarin-Honig-Dressing:

1 Zweig Rosmarin

1 Schalotte

2 EL Weißweinessig

1 TL flüssiger Honig

Salz

frisch gemahlener Pfeffer

5 EL Distelöl

1 gelbe Paprikaschote

150 g Feldsalat

1 kleiner Kopf Lollo Rossa

50 g frischer Parmesan am Stück

1. Mandeln in einer Pfanne ohne Fett hellbraun rösten und auf einem Teller erkalten lassen.
2. Grapefruit so schälen, dass die weiße Haut mit entfernt wird. Grapefruitfruchtfleisch mit einem scharfen Messer filetieren, dabei den Saft für das Dressing auffangen.
3. Für das Dressing Rosmarin abspülen, trocken tupfen und die Nadeln von dem Stängel zupfen. Rosmarin fein hacken. Schalotte abziehen und sehr fein würfeln. Aufgefangenen Grapefruitsaft mit Essig und Honig verrühren, Rosmarin und Schalottenwürfel unterrühren und das Dressing mit Salz und Pfeffer abschmecken. Öl unterschlagen.
4. Paprikaschote halbieren, entstielen, entkernen und die weißen Scheidewände entfernen. Schote abspülen, abtropfen lassen und in feine Streifen schneiden.
5. Feldsalat verlesen und Wurzelansätze abschneiden. Lollo Rossa putzen, Salate waschen und trocken schleudern. Salatblätter in mundgerechte Stücke zupfen.
6. Parmesan mit einem Sparschäler oder einem Käsehobel in feine Späne hobeln. Salate, Grapefruitfilets und Paprikastreifen in einer Schüssel mischen. Dressing untermischen und den Salat mit Mandeln und Parmesan servieren.

Tipp

Das aromatische Rosmarin-Honig-Dressing schmeckt statt mit Distelöl auch mit Olivenöl, Walnussöl oder einer Mischung aus Distel- und Kürbiskernöl.

Gemischter Blattsalat

Zubereitungszeit: 20 Minuten

4 Portionen | Pro Portion: E: 2 g, F: 16 g, Kh: 6 g, kJ: 732, kcal: 174 | Klassisch

750 g gemischte Blattsalate, z. B. Lollo Bionda, Feldsalat, Frisée, Rauke

150 g Chicorée

Für die Vinaigrette:

1 Zwiebel

2–3 EL Kräuteressig

Salz

1 Prise Zucker

zerstoßene, getrocknete grüne Pfefferkörner

6 EL Olivenöl

1–2 EL gehackte Kräuter, z. B. Petersilie, Schnittlauch, Kerbel

1 Salate putzen, Blätter vom Strunk schneiden, waschen und gut abtropfen lassen oder trocken schleudern. Salate in mundgerechte Stücke zupfen.

2 Von dem Chicorée die äußeren welken Blätter entfernen, Chicorée längs halbieren, waschen, abtropfen lassen und die bitteren Strünke keilförmig herausschneiden. Chicorée in Streifen schneiden. Chicoréestreifen in einer Schüssel mit den Blattsalaten mischen.

3 Für die Vinaigrette Zwiebel abziehen und in feine Würfel schneiden. Essig mit Salz, Zucker und Pfefferkörnern verrühren. Öl unterschlagen. Zwiebelwürfel und Kräuter unterrühren und die Vinaigrette über die Salatzutaten geben, vorsichtig vermengen und sofort servieren.

Tipp

Die Variationsmöglichkeiten dieses Rezeptes sind vielfältig. Sie können Hasel- oder Walnussöl anstatt des Olivenöls verwenden und den Kräuteressig durch Himbeeressig ersetzen.

Potpourri-Salat

Zubereitungszeit: 40 Minuten, ohne Durchziehzeit

4 Portionen | Pro Portion: E: 6 g, F: 16 g, Kh: 16 g, kJ: 1010, kcal: 241 | Vegetarisch

3 kleine Zwiebeln

6 Champignons

1 Bund Radieschen

1 roter Apfel

2 hart gekochte Eier

1 Dose Mandarinen (Abtropfgewicht 175 g)

Für die Sauce:

3 EL Zitronensaft

Salz

frisch gemahlener Pfeffer

etwas Zucker

4 EL Olivenöl

1 EL gehackte Kräuter, z. B. Kerbel, Estragon, Liebstöckel, Basilikum

einige Kopfsalatblätter

1 Zwiebeln abziehen. Champignons putzen, mit Küchenpapier abreiben, evtl. abspülen und gut abtropfen lassen. Radieschen putzen, abspülen und abtropfen lassen. Apfel abspülen, abtrocknen, vierteln und entkernen. Die vorbereiteten Zutaten in dünne Scheiben schneiden.

2 Eier schälen und in feine Würfel schneiden. Mandarinen auf ein Sieb geben und abtropfen lassen.

3 Für die Sauce Zitronensaft mit Salz, Pfeffer und Zucker verrühren. Öl unterschlagen. Die Kräuter untermischen.

4 Zwiebel-, Champignon-, Apfelscheiben, Eierwürfel und Mandarinen mit der Sauce vermengen und etwas durchziehen lassen.

5 Salatblätter waschen und trocken schleudern. Den Salat auf den Salatblättern anrichten und sofort servieren.

Brotsalat mit roten Zwiebeln

Zubereitungszeit: 40 Minuten, ohne Abkühlzeit

4 Portionen | Pro Portion: E: 10 g, F: 37 g, Kh: 38 g, kJ: 2302, kcal: 549 | Vegetarisch

300 g altbackenes Fladenbrot

3 Knoblauchzehen

4 EL Olivenöl

250 g Cocktailtomaten

2 rote Zwiebeln

1 rote Paprikaschote

1 kleine Salatgurke (etwa 500 g)

1 Bund glatte Petersilie

15 entsteinte Kräuteroliven

3 EL geschälte Kürbiskerne

Salz

frisch gemahlener Pfeffer

Saft von 2 Zitronen

6 EL Olivenöl

1 Fladenbrot in etwa 1 cm große Würfel schneiden. Knoblauch abziehen und fein würfeln. Öl in einer Pfanne erhitzen und die Brotwürfel darin anrösten. Knoblauchwürfel hinzufügen und mitbraten. Die Brotwürfel aus der Pfanne nehmen und erkalten lassen.

2 Cocktailtomaten abspülen, abtrocknen und die Stängelansätze entfernen. Große Tomaten evtl. halbieren. Zwiebeln abziehen, halbieren, in dünne Scheiben schneiden und in Ringe teilen. Paprikaschote vierteln, entstielen, entkernen und die weißen Scheidewände entfernen. Die Schote abspülen, abtropfen lassen und in Würfel schneiden.

3 Gurke abspülen, abtrocknen und die Enden abschneiden. Die Gurke längs vierteln und in Stücke schneiden. Petersilie abspülen, trocken tupfen und die Blättchen von den Stängeln zupfen. Blättchen fein schneiden.

4 Das vorbereitete Gemüse in einer Schüssel mit Petersilie, Oliven und Kürbiskernen mischen. Mit Salz, Pfeffer und Zitronensaft würzen und mit Öl beträufeln. Die Brotwürfel unterheben und den Salat sofort servieren.

Tipp

Salat und Brotwürfel erst kurz vor dem Verzehr mischen, damit die Brotwürfel nicht durchweichen. Wenn Sie den Salat einige Zeit vor dem Verzehr zubereiten, die Brotwürfel getrennt aufbewahren. Die Kürbiskerne in einer Pfanne ohne Fett rösten und erkalten lassen, dann schmecken sie intensiver.

Bulgursalat

Zubereitungszeit: 40 Minuten, ohne Abkühl- und Durchziehzeit

4 Portionen | Pro Portion: E: 8 g, F: 23 g, Kh: 38 g, kJ: 1725, kcal: 412 | Vegetarisch

200 g grober Bulgur (Weizengrütze)

400 ml Gemüsebrühe

250 g Salatgurke

2 Fleischtomaten

1 gelbe Paprikaschote

1 Bund Frühlingszwiebeln

1 Bund glatte Petersilie

1 Minzestängel

Für die Sauce:

4 EL Zitronensaft

Salz

frisch gemahlener Pfeffer

etwas Zucker

gemahlener Kreuzkümmel (Cumin)

6–8 EL Olivenöl

1 Bulgur in einem heißen Topf ohne Fett etwa 1 Minute anrösten. Brühe hinzugießen, alles aufkochen und bei schwacher Hitze zugedeckt in etwa 15 Minuten ausquellen lassen. Bulgur abkühlen lassen, dabei mehrmals durchrühren.

2 Gurke abspülen, abtrocknen, die Enden abschneiden und die Gurke in kleine Würfel schneiden. Tomaten abspülen, abtrocknen, halbieren und die Stängelansätze herausschneiden. Tomaten in kleine Würfel schneiden.

3 Paprikaschote halbieren, entstielen, entkernen und die weißen Scheidewände entfernen. Die Schote abspülen, abtropfen lassen und fein würfeln. Frühlingszwiebeln putzen, abspülen, abtropfen lassen und in feine Ringe schneiden.

4 Petersilie und Minze abspülen, trocken tupfen und die Blättchen von den Stängeln zupfen. Blättchen fein schneiden.

5 Für die Sauce Zitronensaft mit Salz, Pfeffer, Zucker und Kreuzkümmel verrühren. Öl unterschlagen. Die vorbereiteten Zutaten mit der Sauce vermischen und etwas durchziehen lassen.

Caesar's Salat

Zubereitungszeit: 30 Minuten

4 Portionen | Pro Portion: E: 9 g, F: 43 g, Kh: 16 g, kJ: 2052, kcal: 490 | Einfach

4 Scheiben Toastbrot

30 g Butter

Für das Dressing:

1 Knoblauchzehe

200 g Salatmayonnaise

50 g Schlagsahne

1–2 EL frisch geriebener Parmesan-Käse

1 EL Weißweinessig

Salz

frisch gemahlener Pfeffer

1 Römersalat

50 g frisch gehobelter Parmesan-Käse

1 Toastbrot in Würfel schneiden. Butter in einer Pfanne zerlassen, die Brotwürfel darin hellbraun rösten, dann auf einen Teller geben und erkalten lassen.

2 Für das Dressing Knoblauch abziehen. Mayonnaise mit Sahne, Knoblauch, Parmesan und Essig in einen hohen Rührbecher geben und pürieren. Dressing mit Salz und Pfeffer abschmecken.

3 Römersalat putzen, die Blätter vom Strunk zupfen, abspülen und auf einem Sieb abtropfen lassen oder trocken schleudern. Salat in mundgerechte Stücke zupfen.

4 Salat mit dem Dressing beträufeln, mit Parmesan und Brotwürfeln bestreuen.

Tipp

Salat mit frischem Baguette oder Ciabatta-Brot servieren.

Champignonsalat

Zubereitungszeit: 35 Minuten

4 Portionen | Pro Portion: E: 6 g, F: 17 g, Kh: 15 g, kJ: 1068, kcal: 255 | Raffiniert

400 g Champignons

4 hart gekochte Eier

200 g blaue und grüne Weintrauben ohne Kerne

50 g ganze Haselnusskerne

Für die Curry-Mayonnaise:

1 große Orange

150 g Vollmilchjoghurt

100 g Salatmayonnaise

1 EL Currypulver

Salz

Zucker

Zitronenmelisse- oder Petersilienblättchen

1 Champignons putzen, mit Küchenpapier abreiben, evtl. abspülen, gut abtropfen lassen und in Scheiben schneiden.

2 Eier schälen und in Achtel schneiden. Weintrauben gründlich waschen, abtrocknen und halbieren. Haselnüsse grob hacken.

3 Für die Curry-Mayonnaise Orange halbieren und auspressen. Joghurt mit Mayonnaise, Orangensaft und Currypulver verrühren, mit Salz und Zucker abschmecken.

4 Alle Zutaten mit der Curry-Mayonnaise in einer Schüssel locker miteinander vermengen. Kräuterblättchen abspülen und trocken tupfen und den Salat mit den Blättchen garnieren.

Capri-Salat

Zubereitungszeit: 20 Minuten, ohne Durchziehzeit

4 Portionen | Pro Portion: E: 13 g, F: 25 g, Kh: 3 g, kJ: 1221, kcal: 291 | Schnell

500 g Tomaten

250 g Mozzarella

einige Stängel Basilikum und Oregano

Salz

frisch gemahlener Pfeffer

5 EL Olivenöl

1 Tomaten abspülen, abtrocknen, halbieren und die Stängelansätze herausschneiden. Tomaten in gleich große Scheiben schneiden. Mozzarella auf einem Sieb abtropfen lassen und ebenfalls in gleich große Scheiben schneiden. Tomaten- und Mozzarellascheiben auf einer Platte anrichten.

2 Basilikum und Oregano abspülen und trocken tupfen. Die Blättchen von den Stängeln zupfen. Oregano- und Basilikumblättchen auf den Tomaten- und Mozzarellascheiben verteilen. Salat mit Salz und Pfeffer bestreuen und mit Olivenöl beträufeln. Salat etwa 15 Minuten durchziehen lassen.

Tipp

Salat mit Ciabatta-Brot servieren.

Endiviensalat mit Walnusskernen

Zubereitungszeit: 25 Minuten, ohne Abkühlzeit

4 Portionen | Pro Portion: E: 3 g, F: 21 g, Kh: 4 g, kJ: 919, kcal: 220 | Einfach

Für die Salatsauce:

2 Schalotten

2 Stängel Thymian

6 EL Rapsöl

1 Lorbeerblatt

200 ml Gemüsebrühe

1 Kopf Endiviensalat

4 Zweige glatte Petersilie

40 g Walnusskerne

2–3 TL körniger Senf

2–3 EL Apfelessig

Salz

frisch gemahlener Pfeffer

1–2 TL flüssiger Honig

1 Für die Salatsauce die Schalotten abziehen und in kleine Würfel schneiden. Thymian abspülen und trocken tupfen. 2 Esslöffel Öl in einem Topf erhitzen. Schalottenwürfel darin glasig dünsten, Lorbeerblatt und Thymian hinzugeben, kurz andünsten. Brühe hinzugießen, aufkochen und auf etwa die Hälfte einkochen lassen. Brühe erkalten lassen.

2 Salat putzen. Die Blätter vom Strunk zupfen, abspülen und gut abtropfen lassen oder trocken schleudern. Salatblätter in mundgerechte Stücke zupfen. Petersilie abspülen, trocken tupfen, die Blättchen von den Zweigen zupfen und grob hacken. Walnusskerne grob hacken.

3 Schalotten-Brühe durch ein Sieb gießen. Senf und Essig unterrühren. Restliches Öl nach und nach unterschlagen. Sauce mit Salz, Pfeffer und Honig würzen.

4 Salat und Petersilie mit der Salatsauce mischen, den Salat anrichten und mit Nusskernen bestreuen. Salat sofort servieren.

Zucchinisalat mit gebratenem Mozzarella

Zubereitungszeit: 50 Minuten

4 Portionen | Pro Portion: E: 22 g, F: 54 g, Kh: 13 g, kJ: 2620, kcal: 626 | Dauert etwas länger

500 g kleine Zucchini

½ TL Salz

2 rote Paprikaschoten (je 200 g)

1 mittelgroßer Kopf Römersalat

2 EL Olivenöl

frisch gemahlener Pfeffer

gemahlener Kreuzkümmel (Cumin)

Für die Sauce:

3–4 EL Weißweinessig

Salz

etwas Zucker

5–8 EL Olivenöl

Für den gebratenen Mozzarella:

250 g Mozzarella

3 Eiweiß

½ TL Salz

2 EL Weizenmehl

50 g helle geschälte Sesamsamen

50 g dunkle Sesamsamen

6 EL Olivenöl

1 Zucchini abspülen, abtrocknen und die Enden abschneiden. Zucchini in dünne Scheiben schneiden.

2 Die Zucchinischeiben mit Salz mischen und etwa 10 Minuten stehen lassen.

3 In der Zwischenzeit Paprikaschoten halbieren, entstielen, entkernen und die weißen Scheidewände entfernen. Die Schoten abspülen, abtropfen lassen und in Würfel schneiden. Römersalat putzen und die Blätter vom Strunk zupfen. Die Blätter waschen, trocken schleudern und in breite Streifen schneiden.

4 Zucchinischeiben trocken tupfen. Öl in einer Pfanne erhitzen und die Zucchinischeiben darin portionsweise anbraten. Bei der letzen Portion die Paprikawürfel hinzufügen und kurz mitbraten. Zucchinischeiben und Paprikawürfel in eine große Schüssel geben und mit Pfeffer und Kreuzkümmel würzen.

5 Für die Sauce Essig mit Salz, Zucker und Pfeffer verrühren. Öl unterschlagen. Das Gemüse mit der Sauce mischen.

6 Für den gebratenen Käse Mozzarella trocken tupfen und in dicke Streifen schneiden. Eiweiß und Salz mit einer Gabel verschlagen. Mehl und beide Sesamsorten getrennt auf Teller geben. Die Mozzarellascheiben nacheinander in Mehl, Eiweiß und hellem oder dunklem Sesam wenden. Sesam gut andrücken.

7 Öl in einer Pfanne erhitzen. Mozzarellastreifen in mehreren Portionen darin bei mittlerer Hitze braten und auf Küchenpapier kurz abtropfen lassen.

8 Salatstreifen mit der Gemüsemischung portionsweise auf Tellern anrichten. Mozzarella darauflegen und den Salat servieren.

Tipp

Statt Zucchini können auch kleine Auberginen oder ein Mix aus Zucchini und Aubergine verwendet werden.

Artischockenherzen mit Tomaten und Oliven

Zubereitungszeit: 30 Minuten, ohne Durchziehzeit

4 Portionen | Pro Portion: E: 4 g, F: 23 g, Kh: 7 g, kJ: 1081, kcal: 257 | Einfach

16 Artischockenherzen (aus der Dose)

16 Cocktailtomaten

je 1 kleines Glas grüne und schwarze Oliven ohne Stein (je etwa 150 g)

2 Knoblauchzehen

3 EL Balsamico-Essig

Salz

frisch gemahlener Pfeffer

Zucker

5 EL Olivenöl

1 Artischockenherzen auf einem Sieb abtropfen lassen und vierteln. Tomaten abspülen, trocken tupfen, halbieren und die Stängelansätze herausschneiden. Oliven auf einem Sieb abtropfen lassen. Die Salatzutaten in eine Schüssel geben und mischen.

2 Knoblauch abziehen und durch eine Knoblauchpresse drücken. Essig mit Knoblauch, Salz, Pfeffer und Zucker verrühren. Olivenöl unterschlagen. Die Marinade zu den vorbereiteten Salatzutaten geben und untermischen. Den Salat unter gelegentlichem Umrühren etwa 30 Minuten durchziehen lassen.

Tipp

Dieser Salat kann auch mit kleinen jungen Artischocken zubereitet werden: Dazu Artischocken vierteln, kurz waschen, abtropfen lassen, mit Zitronensaft beträufeln und in kochendem Salzwasser etwa 10 Minuten köcheln lassen. Anschließend auf ein Sieb geben, mit kaltem Wasser übergießen, abtropfen und erkalten lassen. Zusätzlich kann der Salat mit Basilikumblättchen verfeinert werden.

Gemüsesalat, süß-sauer

Zubereitungszeit: 60 Minuten, ohne Durchziehzeit

8–10 Portionen | Pro Portion: E: 4 g, F: 6 g, Kh: 26 g, kJ: 748, kcal: 179 | Zum Vorbereiten

400 g Möhren

700 g festkochende Kartoffeln

400 g Zucchini

1 kleiner Staudensellerie

800 g Fleischtomaten

60 g Butter

200 ml Gemüsebrühe

1 Dose Ananasstücke (Abtropfgewicht 340 g)

3–4 EL Mango-Chutney

3–4 EL milder Essig, z. B. Kräuteressig

2 gestr. TL gemahlener Kreuzkümmel

Salz

frisch gemahlener Pfeffer

2 gestr. TL Currypulver

1 gestr. TL Zucker

1 Möhren putzen. Möhren und Kartoffeln schälen, abspülen, abtropfen lassen und würfeln.

2 Zucchini abspülen und die Enden abschneiden, Zucchini in Würfel schneiden. Staudensellerie putzen, waschen, evtl. Außenfäden entfernen und Staudensellerie in Streifen oder Würfel schneiden. Tomaten abspülen, abtropfen lassen und vierteln. Stängelansätze entfernen, Tomaten entkernen und das Fruchtfleisch würfeln.

3 In einem großen Bräter Butter zerlassen und die Möhren- und Kartoffelwürfel darin andünsten. Brühe hinzugießen und alles etwa 10 Minuten dünsten lassen. Zucchini und Staudensellerie hinzufügen und das Gemüse in etwa 5 Minuten bissfest garen. Gemüse anschließend gut abtropfen lassen, den Sud dabei auffangen.

4 Ananas gut abtropfen lassen und in kleine Stücke schneiden. Mango-Chutney mit Essig, 4–5 Esslöffel von dem Gemüsesud, Kreuzkümmel, Salz, Pfeffer, Curry und Zucker verrühren, mit den Tomatenstücken zum Gemüse geben und unterheben.

5 Den Salat vor dem Servieren noch etwa 60 Minuten durchziehen lassen und anschließend nochmals abschmecken.

Gemüsesalat mit Knoblauch-Dressing

Zubereitungszeit: 60 Minuten, ohne Durchziehzeit

10–12 Portionen I Pro Portion: E: 7 g, F: 11 g, Kh: 25 g, kJ: 953, kcal: 229 I Fürs Party-Büffet

Für den Gemüsesalat:

2 Köpfe Blumenkohl

5–6 Möhren

300 g grüne Bohnen

300 g TK-Erbsen

3 Zwiebeln

3 rote Paprikaschoten

600 g gekochte Kartoffeln

Für das Dressing:

5–6 Knoblauchzehen

500–600 g leichte Salatcreme

150 g Joghurt

3 EL mittelscharfer Senf

Saft von 1 Zitrone

Salz

frisch gemahlener Pfeffer

1 gestr. TL Zucker

1–2 Msp. Cayennepfeffer

Zum Bestreuen:

1 Bund Petersilie

1 Vom Blumenkohl die Blätter entfernen und die Strünke abschneiden. Den Blumenkohl in Röschen teilen, abspülen und abtropfen lassen. Möhren putzen, schälen, abspülen, abtropfen lassen und in dünne Scheiben schneiden.

2 Von den Bohnen die Enden abschneiden, die Bohnen evtl. abfädeln, abspülen, abtropfen lassen und in Stücke schneiden oder brechen.

3 Das vorbereitete Gemüse und die Erbsen nacheinander in kochendem Salzwasser bissfest garen, dann mit kaltem Wasser abschrecken, gut abtropfen lassen und in eine große Schüssel geben.

4 Zwiebeln abziehen und fein würfeln. Paprikaschoten halbieren, entstielen, entkernen und die weißen Scheidewände entfernen. Die Schoten abspülen, abtropfen lassen und in feine Würfel schneiden. Kartoffeln ebenfalls würfeln, mit Zwiebeln und Paprika zum Gemüse geben und alles vorsichtig miteinander vermischen.

5 Für das Dressing Knoblauch abziehen, fein hacken oder durch eine Knoblauchpresse drücken. Knoblauch mit Salatcreme, Joghurt, Senf und Zitronensaft in eine Schüssel geben und mit dem Schneebesen verrühren. Die Sauce mit Salz, Pfeffer, Zucker und Cayennepfeffer würzen.

6 Den Gemüsesalat mit dem Dressing vermengen und kalt gestellt etwas durchziehen lassen. Petersilie abspülen, trocken tupfen, fein hacken und den Salat vor dem Servieren damit bestreuen.

Tipp

Statt 2 Köpfe Blumenkohl zu verwenden, können Sie auch zu je gleichen Anteilen Blumenkohl und Brokkoli mischen.

Spargelsalat von grünem und weißem Spargel

Zubereitungszeit: 45 Minuten

4 Portionen | Pro Portion: E: 5 g, F: 8 g, Kh: 15 g, kJ: 659, kcal: 158 | Für Gäste

600 g weißer Spargel

400 g grüner Spargel

375 ml (3/8 l) Wasser

1 gestr. TL Salz

1 gelbe Paprikaschote

2 Schalotten

2–3 Stängel Dill

1 EL flüssiger Akazienhonig

3 EL Keimöl

Salz

frisch gemahlener Pfeffer

2 kleine Galia-Melonen

2 EL Limettensaft

1 Den weißen Spargel von oben nach unten schälen, darauf achten, dass die Schalen vollständig entfernt, die Köpfe aber nicht verletzt werden. Die unteren Enden abschneiden (holzige Stellen vollkommen entfernen). Von dem grünen Spargel nur das untere Drittel schälen und die Enden abschneiden. Spargel in etwa 2 cm lange Stücke schneiden. Spargelstücke getrennt abspülen und abtropfen lassen.

2 Wasser mit Salz in einem Topf zum Kochen bringen. Die weißen Spargelstücke hinzufügen und zugedeckt in 8–10 Minuten bissfest kochen. Anschließend mit einer Schaumkelle herausnehmen, mit kaltem Wasser abschrecken und auf einem Sieb abtropfen lassen. Dann die grünen Spargelstücke in den Spargelfond geben, wieder zum Kochen bringen und zugedeckt in etwa 5 Minuten bissfest kochen. Die Spargelstücke ebenfalls auf ein Sieb geben, mit kaltem Wasser abschrecken und abtropfen lassen.

3 Paprika halbieren, entstielen, entkernen und die weißen Scheidewände entfernen. Schote abspülen, abtropfen lassen und in feine Würfel schneiden. Schalotten abziehen und ebenfalls in feine Würfel schneiden. Dill abspülen, trocken tupfen, die Spitzen von den Stängeln zupfen und fein hacken.

4 Spargelstücke in eine Schüssel geben, mit Paprika-, Schalottenwürfeln, Honig und Keimöl gut vermischen, mit Salz und Pfeffer würzen. Dill unterrühren.

5 Die Melonen in der Hälfte rundherum mit einem Messer im Zickzackmuster etwa 4 cm tief einstechen und auseinanderbrechen. Melonenhälften entkernen, mit einem Kugelausstecher das Fruchtfleisch herauslösen oder das Fruchtfleisch mit einem Löffel herauslösen und in Würfel schneiden.

6 Melonenkugeln oder -würfel mit dem Limettensaft vermengen und vorsichtig unter den Salat heben. Den Salat in den Melonenhälften servieren.

Möhren-Apfel-Salat

Zubereitungszeit: 25 Minuten

4–6 Portionen | Pro Portion: E: 1 g, F: 3 g, Kh: 19 g, kJ: 452, kcal: 108 | Für Kinder

3–4 EL Zitronensaft

1 Prise Salz

2–3 TL Zucker

1 EL Sonnenblumenöl

750 g Möhren

500 g Äpfel, z. B. Cox Orange

1 Zitronensaft mit Salz und Zucker verrühren. Öl hinzufügen und unterrühren.

2 Möhren putzen, schälen, abspülen und abtropfen lassen. Äpfel abspülen und abtrocknen oder schälen. Äpfel vierteln und entkernen. Beide Zutaten auf einer Haushaltsreibe grob raspeln.

3 Möhren und Äpfel mit der Sauce in einer Schüssel vermengen. Den Salat nach Belieben nochmals mit Zucker abschmecken und kurz durchziehen lassen.

Tipp

Zusätzlich 1–2 Esslöffel gehackte Haselnusskerne oder geröstete Sonnenblumenkerne und Rosinen unter den Salat mengen.

Obst-Gemüse-Salat mit Zitronenverbene

Zubereitungszeit: 40 Minuten, ohne Abkühlzeit

4 Portionen | Pro Portion: E: 12 g, F: 30 g, Kh: 75 g, kJ: 2755, kcal: 659 | Raffiniert

je 2 rote, gelbe und grüne Paprikaschoten (etwa 1,2 kg)

4 Möhren (etwa 400 g)

12–16 Zitronenverbeneblättchen

6 EL Olivenöl

120 g Cashewkerne

2 EL Zucker

Saft von je 1 Orange, Limette und Grapefruit

4 Orangen (Saftorangen)

4 Grapefruits

Salz

frisch gemahlener Pfeffer

2 EL Himbeer- oder Apfelessig

1 Paprika halbieren, entstielen, entkernen und die weißen Scheidewände entfernen. Schoten abspülen, trocken tupfen und in mundgerechte Stücke schneiden. Möhren putzen, schälen, abspülen, abtropfen lassen und in Scheiben schneiden. Kräuterblättchen abspülen und trocken tupfen.

2 Jeweils etwas Olivenöl in einem Topf erhitzen. Paprikastücke, Möhrenscheiben, Kräuterblättchen und Cashewkerne darin portionsweise etwa 5 Minuten unter mehrmaligem Wenden andünsten, mit Zucker bestreuen und karamellisieren lassen.

3 Fruchtsäfte hinzugießen, zum Kochen bringen und zugedeckt weitere etwa 5 Minuten dünsten. Gemüsemasse erkalten lassen.

4 Orangen und Grapefruits so schälen, dass die weiße Haut vollständig entfernt wird. Die Filets herausschneiden.

5 Die Gemüsemischung in eine Schüssel geben. Orangen- und Grapefruitfilets unterheben. Den Salat mit Salz, Pfeffer und Essig würzen. Restliches Olivenöl hinzufügen.

Tipp

Der Salat schmeckt sehr gut zu Parmaschinken, gebratenen Garnelen oder Fischfilets.

Tortellini-Salat

Zubereitungszeit: 25 Minuten, ohne Abkühlzeit

4 Portionen | Pro Portion: E: 13 g, F: 20 g, Kh: 49 g, kJ: 1814, kcal: 432 | Einfach

300–400 g frische Tortellini mit Käsefüllung (aus dem Kühlregal)

1 Schalotte

50 g Frühstücksspeck in feinen Scheiben (Bacon)

3 EL Olivenöl

150 ml Gemüsebrühe

3–4 EL Weißweinessig

1 TL flüssiger Honig

Salz

frisch gemahlener Pfeffer

2 EL Kapern (aus dem Glas)

50 g Rucola (Rauke)

1 kleiner Radicchio

100 g Cocktailtomaten

¼ Zuckermelone, z. B. Galiamelone

1 Tortellini nach Packungsanleitung zubereiten. Dann Tortellini auf ein Sieb geben, mit kaltem Wasser übergießen und abtropfen lassen.

2 Schalotte abziehen und in feine Würfel schneiden. Speck in einer erhitzten Pfanne knusprig auslassen, herausnehmen und auf Küchenpapier abtropfen lassen. Olivenöl in die Pfanne geben und erhitzen. Schalottenwürfel darin glasig dünsten. Brühe, Essig und Honig in die Pfanne einrühren, mit Salz und Pfeffer würzen. Kapern abtropfen lassen und unterrühren.

3 Tortellini mit dem Dressing mischen und erkalten lassen.

4 Rucola verlesen und dicke Stängel abschneiden. Rucola waschen und trocken tupfen oder trocken schleudern. Radicchio putzen, waschen und gut abtropfen lassen. Salatblätter in mundgerechte Stücke schneiden oder zupfen.

5 Tomaten waschen, abtrocknen und halbieren. Die Stängelansätze herausschneiden. Melone entkernen, schälen und das Fruchtfleisch in Würfel schneiden.

6 Salate, Tomaten und Melonenstücke unter die Tortellini mischen. Salat nochmals mit Salz und Pfeffer abschmecken. Speck grob zerbröseln und Salat damit anrichten.

Variante: Statt Tortellini eignen sich auch andere Nudelsorten, z. B. Penne, in Stücke gebrochene Makkaroni, Farfalle oder einfach Spiralnudeln für diesen Salat. Dann können Sie den Salat auch noch mit Mini-Mozzarella-Kugeln anreichern. Ersetzen Sie im Winter die Melone durch eingelegten Kürbis aus dem Glas.

Tipp

Die Tortellini mit dem Dressing können Sie bereits am Vortag zubereiten. Kurz bevor die Gäste kommen, den Salat dann nochmals abschmecken, evtl. noch etwas Brühe und Öl zugeben und die restlichen Salatzutaten untermischen.

Nudelsalat „Florentiner Art“

Zubereitungszeit: 45 Minuten

4–6 Portionen | Pro Portion: E: 14 g, F: 15 g, Kh: 71 g, kJ: 2007, kcal: 479 | Vegetarisch

5 l Wasser

5 gestr. TL Salz

500 g grüne Bandnudeln

200 g junger Blattspinat

je 200 g rote und gelbe Cocktailtomaten

Für das Dressing:

3 EL weißer Balsamico-Essig

Salz

frisch gemahlener Pfeffer

6 EL Olivenöl

einige Stängel Kerbel

1 Wasser in einem großen Topf mit geschlossenem Deckel zum Kochen bringen. Dann Salz und Nudeln zugeben. Die Nudeln nach Packungsanleitung im geöffneten Topf bei mittlerer Hitze bissfest kochen, dabei gelegentlich umrühren.

2 Anschließend die Nudeln auf ein Sieb geben, mit kaltem Wasser abspülen und abtropfen lassen. Nudeln mit einer Küchenschere in etwa 10 cm lange Stücke schneiden.

3 Spinat verlesen, gründlich waschen und abtropfen lassen oder trocken schleudern. Tomaten abspülen, abtropfen lassen, halbieren und die Stängelansätze herausschneiden. Nudeln mit Spinatblättern und Tomatenhälften in einer Schüssel mischen.

4 Für das Dressing Essig mit Salz und Pfeffer verrühren. Olivenöl unterschlagen. Das Dressing zu den Salatzutaten geben und gut vermengen. Salat nochmals mit Salz und Pfeffer abschmecken.

5 Kerbel abspülen und trocken tupfen. Die Blättchen von den Stängeln zupfen. Den Salat in einer Schüssel oder auf einer Platte anrichten und mit den Kerbelblättchen garniert servieren.

Nudelsalat „Sommerbrise“

Zubereitungszeit: 35 Minuten, ohne Kühlzeit

8 Portionen | Pro Portion: E: 19 g, F: 32 g, Kh: 66 g, kJ: 2669, kcal: 637 | Für Gäste

Zutaten

6 l Wasser

6 gestr. TL Salz

600 g Spiralnudeln

1 große Salatgurke

1 Bund Frühlingszwiebeln

250 g Schafskäse

3 Fenchelknollen

1 Dose Gemüsemais (Abtropfgewicht 285 g)

Für die Sauce:

250 g Joghurt

250 g Salatmayonnaise

150 g Schlagsahne

7 EL Zitronensaft

etwas Zucker

Salz

frisch gemahlener Pfeffer

4–5 Stängel Dill

Zubereitung

1 Wasser in einem großen Topf mit geschlossenem Deckel zum Kochen bringen. Dann Salz und Nudeln zugeben. Die Nudeln nach Packungsanleitung im geöffneten Topf bei mittlerer Hitze bissfest kochen lassen, dabei gelegentlich umrühren.

2 Anschließend die Nudeln auf ein Sieb geben, mit kaltem Wasser abspülen, abtropfen und erkalten lassen.

3 Gurke schälen und die Enden abschneiden. Gurke längs vierteln, entkernen und in Stücke schneiden. Frühlingszwiebeln putzen, abspülen, abtropfen lassen und in dünne Ringe schneiden. Schafkäse in kleine Würfel schneiden.

4 Vom Fenchel die Stiele dicht oberhalb der Knollen abschneiden, braune Stellen und Blätter entfernen, Wurzelenden gerade schneiden. Knollen abspülen, abtropfen lassen, vierteln und in dünne Scheiben schneiden. Fenchelscheiben nach Belieben in kochendem Salzwasser kurz blanchieren. Mais auf einem Sieb abtropfen lassen.

5 Für die Sauce Joghurt mit Mayonnaise, Sahne und Zitronensaft verrühren, mit Zucker, Salz und Pfeffer abschmecken. Dill abspülen und trocken tupfen. Die Spitzen von den Stängeln zupfen (einige Spitzen zum Garnieren beiseitelegen). Spitzen fein schneiden, unterrühren.

6 Nudeln, Gurkenstücke, Zwiebelringe, Käsewürfel, Fenchelscheiben und Mais in eine Schüssel geben. Sauce hinzufügen und gut vermengen. Den Salat bis zum Servieren kalt stellen und mit den beiseite gelegten Dillstängeln garnieren.

Makkaroni-Gemüse-Salat

Zubereitungszeit: etwa 40 Minuten, ohne Abkühl- und Durchziehzeit

4–6 Portionen | Pro Portion: E: 15 g, F: 22 g, Kh: 78 g, kJ: 2413, kcal: 577 | Vegetarisch

Zutaten

5 l Wasser

5 TL Salz

500 g Gabelmakkaroni

1 kleiner Kopf Romanesco (etwa 800 g)

400 g junge Maiskolben

Salzwasser

2 rote Paprikaschoten (etwa 400 g)

½ Topf Basilikum

Für das Dressing:

1 EL Kräutersenf

2–3 EL Weißweinessig

1 Prise Zucker

Salz

frisch gemahlener grober Pfeffer

100 ml Olivenöl

Zubereitung

1 Wasser zugedeckt in einem großen Topf zum Kochen bringen. Salz und Makkaroni zugeben. Die Makkaroni nach Packungsanleitung im geöffneten Topf bei mittlerer Hitze kochen lassen, dabei gelegentlich umrühren.

2 Anschließend die Makkaroni auf ein Sieb geben, mit kaltem Wasser abspülen, abtropfen und erkalten lassen.

3 Von dem Romanesco die äußeren Blätter entfernen. Romanesco in Röschen teilen, abspülen und abtropfen lassen. Maiskolben putzen, waschen und abtropfen lassen. Die Enden der Maiskolben abschneiden. Falls die Kolben zu lang sind, einmal quer halbieren.

4 Salzwasser in einem Topf zum Kochen bringen. Zuerst die Romanescoröschen etwa 6 Minuten darin garen. Die Röschen mit einem Schaumlöffel herausnehmen, auf ein Sieb geben, mit kaltem Wasser abschrecken, abtropfen und erkalten lassen.

5 Dann die Maiskolben in dem kochendem Salzwasser etwa 10 Minuten garen. Anschließend auf ein Sieb geben, mit kaltem Wasser abschrecken, abtropfen und erkalten lassen.

6 Paprika halbieren, entstielen, entkernen und die weißen Scheidewände entfernen. Die Schoten abspülen, trocken tupfen und in Würfel schneiden. Basilikum abspülen, trocken tupfen und die Blättchen von den Stängeln zupfen. Blättchen in Streifen schneiden.

7 Für das Dressing Senf mit Essig verrühren, mit Zucker, Salz und Pfeffer würzen. Olivenöl unterschlagen. Die vorbereiteten Salatzutaten mit dem Dressing in einer Schüssel mischen. Den Salat kalt gestellt etwa 1 Stunde durchziehen lassen, vor dem Servieren nochmals mit den Gewürzen abschmecken.

Tipp

500 g Fleischwurst oder Mortadella in Streifen schneiden und unter den Salat mischen.

Spaghettisalat

Zubereitungszeit: 30 Minuten

6–8 Portionen | Pro Portion: E: 18 g, F: 27 g, Kh: 60 g, kJ: 2350, kcal: 562 | Für Gäste

5 l Wasser

5 gestr. TL Salz

500 g Spaghetti

200 g getrocknete Tomaten in Öl

200 g schwarze Oliven

2 Knoblauchzehen

2 EL Tomatenmark

½ Topf Basilikum

6 EL Olivenöl

Salz

frisch gemahlener Pfeffer

120 g frisch gehobelter Parmesan

1 Wasser in einem großen Topf zugedeckt zum Kochen bringen. Dann Salz und Spaghetti zugeben. Die Nudeln nach Packungsanleitung im geöffneten Topf bei mittlerer Hitze bissfest kochen lassen, dabei gelegentlich umrühren.

2 Anschließend die Nudeln auf ein Sieb geben, mit kaltem Wasser abspülen und abtropfen lassen.

3 Tomaten auf einem Sieb abtropfen lassen und in feine Streifen schneiden. Oliven entsteinen und halbieren. Knoblauch abziehen und durch eine Knoblauchpresse drücken. Knoblauch mit Tomatenstreifen, Oliven und Tomatenmark gut vermischen und die Spaghetti unterheben.

4 Basilikum abspülen und trocken tupfen. Blättchen von den Stängeln zupfen. Blättchen fein schneiden, mit Olivenöl vermischen, mit Salz und Pfeffer würzen und unter die Spaghettimischung geben. Den Salat mit Parmesan bestreuen und servieren.

Spätzle-Pfifferlings-Salat

Zubereitungszeit: 40 Minuten

4 Portionen | Pro Portion: E: 19 g, F: 12 g, Kh: 37 g, kJ: 1420, kcal: 340 | Beliebt

2 l Gemüsebrühe

Salz

200 g Spätzle

Für die Vinaigrette:

1 Stange Porree (Lauch, 250 g)

3–4 EL Speiseöl, z. B. Rapsöl

175 ml Gemüsebrühe

3 EL Balsamico-Essig

1 TL körniger Senf

frisch gemahlener Pfeffer

300 g Pfifferlinge oder Champignons

200 g geräucherter Putenbrust-Aufschnitt

200 g kleine Cocktailtomaten

1 Bund Petersilie

1 Gemüsebrühe mit etwas Salz in einem großen Topf aufkochen lassen, Spätzle darin nach Packungsanleitung garen, dann abtropfen lassen und mit kaltem Wasser abschrecken.

2 Für die Vinaigrette in der Zwischenzeit Porree putzen, längs halbieren, waschen, gut abtropfen lassen und in sehr feine Streifen schneiden. 2 Esslöffel von dem Öl in einer Pfanne erhitzen, Porree darin andünsten und Brühe dazugießen. Essig, körnigen Senf, Salz und Pfeffer unterrühren. Spätzle mit der Vinaigrette mischen und abkühlen lassen.

3 Pfifferlinge oder Champignons putzen und mit Küchenpapier abreiben, Pilze evtl. abspülen und gut abtropfen lassen. Große Pilze evtl. halbieren. Putenbrust-Aufschnitt in Streifen schneiden. Cocktailtomaten abspülen, abtrocknen, vierteln und die Stängelansätze herausschneiden. Petersilie abspülen, trocken tupfen und die Blättchen von den Stängeln zupfen.

4 Restliches Öl in der Pfanne erhitzen. Die Pilze darin unter Wenden etwa 4 Minuten kräftig braten. Pilze mit Salz und Pfeffer würzen und herausnehmen. Petersilie, Pilze, Putenbruststreifen und Tomatenstücke unter die Spätzle mischen. Den Salat nochmals mit Salz, Pfeffer und evtl. etwas Essig abschmecken.

Pasta-Salat mit Mini-Chili-Frikadellen

Zubereitungszeit: 45 Minuten, ohne Abkühlzeit
4 Portionen | Pro Portion: E: 30 g, F: 42 g, Kh: 67 g, kJ: 3238, kcal: 773 | Für Gäste

Zutaten

2 l Wasser

2 TL Salz

200 g Penne-Nudeln

Für das Dressing:

125 g Aioli (Knoblauch-Mayonnaise)

150 g Naturjoghurt (3,5 % Fett)

1 EL Tomatenketchup

Salz

frisch gemahlener Pfeffer

Für die Mini-Chili-Frikadellen:

1 Brötchen vom Vortag

1 Zwiebel

300 g Gehacktes (halb Rind-, halb Schweinefleisch)

1 Ei

Salz

frisch gemahlener Pfeffer

1–2 EL Speiseöl, z. B. Rapsöl

3–4 EL Thai-Chili-Sauce

1 Kolben gegarter Mais (z. B. aus einem Vakuumpack, ersatzweise 1 Dose Gemüsemais, Abtropfgewicht 140 g)

1 große rote Paprikaschote

175 g Römer- oder Eisbergsalat

150–175 ml heiße Gemüsebrühe

Zubereitung

1 Wasser in einem großen Topf mit geschlossenem Deckel zum Kochen bringen. Salz und Nudeln zugeben und die Nudeln nach Packungsanleitung im geöffneten Topf bei mittlerer Hitze kochen lassen, dabei gelegentlich umrühren.

2 Anschließend die Nudeln auf ein Sieb geben, mit kaltem Wasser abspülen und abtropfen lassen.

3 Für das Dressing Aioli mit Joghurt und Ketchup verrühren, mit Salz und Pfeffer abschmecken. Dressing mit den lauwarmen Nudeln verrühren und erkalten lassen.

4 Für die Mini-Chili-Frikadellen Brötchen in kaltem Wasser einweichen. Zwiebel abziehen und fein würfeln. Brötchen ausdrücken und mit dem Gehackten in eine Schüssel geben.

5 Zwiebelwürfel und Ei hinzufügen und die Zutaten gut verkneten. Gehacktesmasse mit Salz und Pfeffer würzen. Aus der Masse mit angefeuchteten Händen kleine Frikadellen formen.

6 Öl in einer Pfanne erhitzen und Frikadellen darin unter Wenden rundherum knusprig braun braten. Frikadellen aus der Pfanne nehmen, mit der Chili-Sauce mischen und erkalten lassen.

7 Maiskolben in Scheiben schneiden oder Gemüsemais abtropfen lassen. Paprika halbieren, entstielen, entkernen und die weißen Scheidewände entfernen. Schote waschen, abtropfen lassen und in kleine Würfel schneiden.

8 Salat putzen, waschen und gut abtropfen lassen. Blätter in mundgerechte Stücke zupfen. Heiße Brühe unter die Nudeln rühren und Nudeln nochmals mit Salz und Pfeffer abschmecken. Restliche vorbereitete Salatzutaten untermischen. Den Salat mit den Mini-Chili-Frikadellen anrichten.

Tipp

Aioli ist eine würzige, mit Knoblauch abgeschmeckte Mayonnaise, die aus der provenzalischen Küche stammt und traditionell zu gekochtem oder geräuchertem Fisch gereicht wird.
Aioli selbst gemacht: 125 g Mayonnaise mit 1–2 Teelöffeln Zitronensaft und 2–3 zerdrückten Knoblauchzehen vermischen und mit Salz und Pfeffer abschmecken.

Asia-Glasnudel-Salat (Foto)

Zubereitungszeit: 30 Minuten, ohne Auftauzeit
4 Portionen | Pro Portion: E: 33 g, F: 7 g, Kh: 41 g, kJ: 1513, kcal: 360 | Fettarm

500 g Hähnchenbrustfilet

2 EL Sojasauce

150 g feine Glasnudeln

1 rote Chilischote

2 Knoblauchzehen

700 g Möhren

600 g Porree (Lauch)

2 EL Speiseöl, z. B. Sesamöl

Salz

frisch gemahlener Pfeffer

½ TL gemahlener Ingwer

4 EL Limettensaft

1. Hähnchenbrustfilet unter fließendem kalten Wasser abspülen, trocken tupfen, in etwa 2 cm große Würfel schneiden und mit der Sojasauce verrühren.
2. Glasnudeln nach Packungsanleitung zubereiten, erkalten lassen und in etwa 2 cm lange Stücke schneiden.
3. Chilischote halbieren, entstielen, entkernen, abspülen, abtropfen lassen und in feine Streifen schneiden. Knoblauch abziehen und fein hacken.
4. Möhren und Porree putzen. Möhren schälen, abspülen, abtropfen lassen und in dünne Scheiben schneiden. Porreestange seitlich längs einschneiden, gründlich waschen und in Ringe schneiden.
5. Öl in einer Pfanne erhitzen und die Hähnchenwürfel darin unter Rühren 5–7 Minuten braten, mit Salz und Pfeffer bestreuen und herausnehmen.
6. Knoblauch, Möhren, Chilischote und Porree im verbliebenen Bratensatz anbraten, einige Minuten dünsten und erkalten lassen.
7. Salatzutaten miteinander vermischen und mit Salz, Pfeffer, Ingwer und Limettensaft abschmecken.

Nudelsalat mit Meeresfrüchten

Zubereitungszeit: 45 Minuten, ohne Auftau-, Abkühl- und Durchziehzeit
4 Portionen | Pro Portion: E: 30 g, F: 17 g, Kh: 67 g, kJ: 2269, kcal: 541 | Etwas Besonderes

500 g TK-Meeresfrüchte

3 ½ l Wasser, 3 gestr. TL Salz

350 g Tagliatelle (dünne Bandnudeln)

2 Zwiebeln, 5 Knoblauchzehen

5 EL Olivenöl

2 Fleischtomaten

Salz, frisch gemahlener Pfeffer

1 Prise Zucker

gerebelter Thymian

gerebelter Rosmarin

1–2 EL Balsamico-Essig

1. Meeresfrüchte nach Packungsanleitung auftauen, unter fließendem kalten Wasser abspülen und auf Küchenpapier abtropfen lassen.
2. Wasser in einem großen geschlossenen Topf zum Kochen bringen. Dann Salz und Nudeln zugeben. Die Nudeln nach Packungsanleitung im geöffneten Topf bei mittlerer Hitze bissfest kochen, dabei gelegentlich umrühren. Dann die Nudeln auf ein Sieb geben, mit kaltem Wasser abspülen, abtropfen und erkalten lassen.
3. Zwiebeln und Knoblauchzehen abziehen und fein würfeln. Olivenöl in einer großen Pfanne erhitzen. Zwiebel- und Knoblauchwürfel darin andünsten. Die Meeresfrüchte hinzufügen und unterrühren.
4. Fleischtomaten abspülen, abtrocknen, halbieren und die Stängelansätze herausschneiden. Tomaten in kleine Würfel schneiden, ebenfalls in die Pfanne geben und kurz mit andünsten. Das Ganze mit Salz, Pfeffer, Zucker, Thymian und Rosmarin würzen und mit Balsamico-Essig abschmecken. Meeresfrüchtemischung etwas abkühlen lassen und dann mit den Nudeln vermischen. Den Salat kurz durchziehen lassen und servieren.

Penne-Salat mit Kräuterpesto

Zubereitungszeit: 60 Minuten, ohne Abkühl- und Durchziehzeit

6 Portionen | Pro Portion: E: 18 g, F: 39 g, Kh: 66 g, kJ: 2893, kcal: 691 | Raffiniert

5 l Wasser

5 gestr. TL Salz

500 g Penne-Nudeln (Röhrennudeln)

50 g Sonnenblumenkerne

je 400 g Blumenkohl-, Brokkoli- und Romanescoröschen

200 g Cocktailtomaten

Für das Kräuterpesto:

2 Pck. TK-Kräuter der Provence

2 EL weißer Balsamico-Essig oder Weißweinessig

Salz

frisch gemahlener Pfeffer

3 Knoblauchzehen

200 ml Olivenöl

1 Wasser in einem großen Topf mit geschlossenem Deckel zum Kochen bringen. Dann Salz und Nudeln zugeben. Die Nudeln nach Packungsanleitung im geöffneten Topf bei mittlerer Hitze bissfest garen, dabei gelegentlich umrühren.

2 Anschließend die Nudeln auf ein Sieb geben, mit kaltem Wasser abspülen und abtropfen lassen. Sonnenblumenkerne in einer Pfanne ohne Fett unter Wenden anrösten und auf einem Teller erkalten lassen.

3 Blumenkohl, Brokkoli und Romanesco putzen, in Röschen teilen. Die Röschen abspülen, abtropfen lassen, in mundgerechte Stücke schneiden und getrennt nacheinander in kochendem Salzwasser bissfest garen. Blumenkohl etwa 8 Minuten, Brokkoli und Romanesco etwa 5 Minuten.

4 Das Gemüse auf ein Sieb geben, mit kaltem Wasser abschrecken und abtropfen lassen. Tomaten abspülen, kreuzweise einschneiden und einige Sekunden in kochendes Wasser legen. Tomaten mit kaltem Wasser abschrecken, enthäuten und evtl. Stängelansätze herausschneiden. Nudeln, Blumenkohl-, Brokkoli-, Romanescostücke und Tomaten in einer Schüssel vorsichtig mischen.

5 Für das Pesto Kräuter der Provence in eine Schüssel geben. Essig, Salz und Pfeffer unterrühren. Knoblauch abziehen, in kleine Würfel schneiden und hinzufügen. Olivenöl unterschlagen. Pesto mit den Salatzutaten vermengen und kalt gestellt 1–2 Stunden durchziehen lassen, dabei gelegentlich umrühren.

6 Den Salat nochmals mit den Gewürzen abschmecken und mit Sonnenblumenkernen bestreut servieren.

Tipp

Für das Kräuterpesto eignen sich ebenso TK-Basilikum oder TK-Petersilie sowie die TK-8-Kräutermischung. Die besteht aus Petersilie, Dill, Kerbel, Schnittlauch, Sauerampfer, Borretsch und Pimpernelle.

Bohnen-Nudel-Salat

Zubereitungszeit: 60 Minuten, ohne Abkühl- und Durchziehzeit

8 Portionen | Pro Portion: E: 11 g, F: 16 g, Kh: 48 g, kJ: 1643, kcal: 392 | Raffiniert

Zutaten

3 l Wasser

3 gestr. TL Salz

500 g bunte Farfalle-Nudeln (Schmetterlingsnudeln)

300 g dünne grüne Bohnen

Salzwasser

3 Fleischtomaten (etwa 450 g)

3 rote Zwiebeln (etwa 100 g)

1 Bund Kerbel

1 Bund Schnittlauch

1 Glas schwarze Oliven ohne Stein (Abtropfgewicht 170 g)

1 Glas Sardellenfilets (40 g)

Für die Marinade:

4 cl Sherry

1 EL mittelscharfer Senf

Salz

frisch gemahlener Pfeffer

6 EL Olivenöl

Zubereitung

1 Wasser zugedeckt in einem Topf zum Kochen bringen. Salz und Nudeln zugeben. Die Nudeln nach Packungsanleitung im geöffneten Topf bei mittlerer Hitze kochen lassen, dabei gelegentlich umrühren.

2 Anschließend die Nudeln auf ein Sieb geben, mit kaltem Wasser abspülen und abtropfen lassen.

3 Von den Bohnen die Enden abschneiden, Bohnen evtl. abfädeln und in mundgerechte Stücke schneiden oder brechen. Bohnen abspülen, abtropfen lassen und in kochendem Salzwasser 6–8 Minuten garen. Bohnen auf ein Sieb geben, mit eiskaltem Wasser abschrecken und abtropfen lassen.

4 Tomaten abspülen, trocken tupfen, vierteln, entkernen und die Stängelansätze herausschneiden. Tomaten in größere Würfel schneiden. Zwiebeln abziehen, zuerst in Scheiben schneiden, dann in Ringe teilen. Kerbel und Schnittlauch abspülen und trocken tupfen. Die Kerbelblättchen von den Stängeln zupfen (einige Blättchen zum Garnieren beiseitelegen). Blättchen klein schneiden. Schnittlauch in Röllchen schneiden.

5 Oliven auf einem Sieb abtropfen lassen und in Scheiben schneiden. Sardellenfilets abspülen, trocken tupfen und in kleine Stücke schneiden.

6 Nudeln, Bohnen, Olivenscheiben, Tomatenwürfel, Sardellenstückchen, Zwiebelringe, Schnittlauchröllchen und Kerbel in einer Schüssel mischen.

7 Für die Marinade Sherry mit Senf, Salz und Pfeffer verrühren. Olivenöl unterschlagen. Die Marinade zu den Salatzutaten geben und untermischen. Den Salat etwa 2 Stunden kalt gestellt durchziehen lassen, dabei gelegentlich umrühren.

8 Den Salat in einer Glasschüssel anrichten und mit den beiseite gelegten Kerbelblättchen garniert servieren.

Tipp

Den Salat mit in Knoblauchöl gerösteten Baguettescheiben servieren.

Kartoffelsalat mit Mayonnaise (im Foto oben)

Zubereitungszeit: 40 Minuten, ohne Abkühl- und Durchziehzeit

4 Portionen I Pro Portion: E: 10 g, F: 31 g, Kh: 31 g, kJ: 1854, kcal: 442 I Gut vorzubereiten

Zutaten

750 g festkochende Kartoffeln

Salz

2 Zwiebeln

200 g Gewürzgurken

3 hart gekochte Eier

Für die Salatsauce:

200 g Salatmayonnaise

3 EL Gurkenflüssigkeit

1 Prise Zucker

Salz, frisch gemahlener Pfeffer

Zubereitung

1 Kartoffeln gründlich waschen, mit Wasser bedeckt zum Kochen bringen, Salz zugeben und zugedeckt in 20–25 Minuten gar kochen. Kartoffeln abgießen, mit kaltem Wasser abschrecken, abtropfen lassen und sofort pellen. Kartoffeln etwas abkühlen lassen, in Scheiben schneiden und in eine Schüssel geben.

2 Zwiebeln abziehen und in kleine Würfel schneiden. Gurken abtropfen lassen und in Würfel oder Scheiben schneiden. Eier pellen und in Würfel schneiden. Zwiebel-, Gurken- und Eierwürfel mit den Kartoffelscheiben vermengen.

3 Für die Salatsauce Mayonnaise mit Gurkenflüssigkeit verrühren und mit Zucker, Salz und Pfeffer abschmecken. Die Sauce mit den Salatzutaten vermengen. Den Salat kalt gestellt mindestens 30 Minuten durchziehen lassen. Den Salat vor dem Servieren nochmals mit Salz und Pfeffer abschmecken.

Tipp

Sie können den Kartoffelsalat bereits am Vortag zubereiten. 250 g Fleischwurst enthäuten, in kleine Würfel schneiden und mit 1 geschälten, gewürfelten Apfel unter den Salat heben.

Warmer Kartoffelsalat (im Foto unten)

Zubereitungszeit: 50 Minuten, ohne Durchziehzeit

4 Portionen I Pro Portion: E: 6 g, F: 17 g, Kh: 35 g, kJ: 1353, kcal: 323 I Preiswert

Zutaten

1 kg festkochende Kartoffeln

Salz

Für die Salatmarinade:

2 Zwiebeln

75 g fetter Speck

125 ml (⅛ l) Gemüsebrühe

4–5 EL Kräuteressig

Salz, frisch gemahlener Pfeffer

1 Prise Zucker

2 EL Schnittlauchröllchen

Zubereitung

1 Kartoffeln waschen, in einem Topf mit Wasser bedeckt zum Kochen bringen, Salz zugeben und zugedeckt in 20–25 Minuten gar kochen.

2 Für die Salatmarinade Zwiebeln abziehen und fein würfeln. Speck ebenfalls würfeln. Eine große Pfanne ohne Fett erhitzen und die Speckwürfel darin ausbraten, dann die ausgebratenen Speckgrieben mit einer Schaumkelle aus der Pfanne nehmen und beiseitestellen.

3 Zwiebelwürfel und die Brühe in die Pfanne geben, kurz aufkochen lassen. Essig unterrühren und die Marinade mit Salz, Pfeffer und Zucker abschmecken.

4 Die garen Kartoffeln abgießen, kurz mit kaltem Wasser abspülen, abtropfen lassen und heiß pellen. Kartoffeln in Scheiben schneiden und in die Pfanne geben. Die Salatmarinade mit den Kartoffeln vermengen und einige Minuten auf der ausgeschalteten Kochstelle ziehen lassen.

5 Den Salat nochmals mit Salz, Pfeffer und Essig abschmecken und mit den beiseite gestellten Speckgrieben und Schnittlauchröllchen bestreut servieren.

Geschichteter Kartoffel-Pesto-Salat

Zubereitungszeit: etwa 55 Minuten, ohne Durchziehzeit

4–6 Portionen | Pro Portion: E: 22 g, F: 49 g, Kh: 14 g, kJ: 2408, kcal: 575 | Für Gäste

Für das Pesto:

60 g Pinienkerne

4 Knoblauchzehen

50 g Rucola (Rauke)

1 TL Salz

200 ml Olivenöl

100 g frisch geriebener Parmesan

Salz

frisch gemahlener Pfeffer

1 Zucchini (etwa 350 g)

300 g Champignons

125 ml (⅛ l) Gemüsebrühe

2 EL Weißweinessig

2 TL Zucker

Salz

frisch gemahlener Pfeffer

3 EL Olivenöl

500 g gekochte kleine Pellkartoffeln

3 mittelgroße Tomaten

200 g Schweinebratenaufschnitt

1 Für das Pesto Pinienkerne in einer Pfanne ohne Fett hellbraun rösten und erkalten lassen. Knoblauch abziehen und in kleine Würfel schneiden. Rucola putzen, waschen, abtropfen lassen und trocken tupfen. 6 Salatblätter beiseitelegen, die restlichen Salatblätter etwas zerkleinern.

2 Die vorbereiteten Zutaten mit Salz in einen hohen Rührbecher geben und mit einem Mixstab pürieren. Olivenöl nach und nach hinzufügen und gut verrühren. Käse unterrühren. Das Pesto mit Salz und Pfeffer abschmecken.

3 Zucchini waschen, abtrocknen und die Enden abschneiden. Zucchini evtl. längs halbieren und in dünne Scheiben schneiden. Champignons putzen, mit Küchenpapier abreiben, evtl. kurz abspülen, trocken tupfen und vierteln.

4 Brühe mit Essig, Zucker, Salz und Pfeffer in einem kleinen Topf zum Kochen bringen und gut aufkochen lassen. Den Topf von der Kochstelle nehmen und Olivenöl unterschlagen.

5 Zucchinischeiben und Champignonviertel in eine Schüssel geben, mit der Marinade übergießen und etwas durchziehen lassen.

6 Kartoffeln pellen und in Scheiben schneiden. Tomaten waschen, kreuzweise einschneiden und einige Sekunden in kochendes Wasser legen. Tomaten kurz in kaltem Wasser abschrecken, enthäuten, halbieren, entkernen und die Stängelansätze entfernen. Tomaten in Scheiben schneiden. Bratenaufschnitt in Streifen schneiden.

7 Zucchini- und Champignonviertel abwechselnd mit Kartoffel-, Tomatenscheiben und Fleischstreifen in eine hohe Glasschale oder 6 Portionsgläser schichten. Jeweils etwas Pesto auf den einzelnen Schichten verteilen. Kartoffelscheiben mit Salz bestreuen. Die oberste Schicht soll aus Pesto bestehen.

8 Den Salat mit den beiseite gelegten Rucolablättern garniert servieren.

Kartoffel-Spitzkohl-Salat mit Kasseler

Zubereitungszeit: etwa 50 Minuten, ohne Abkühlzeit

6 Portionen | Pro Portion: E: 18 g, F: 13 g, Kh: 27 g, kJ: 1371, kcal: 328 | Preiswert

Zutaten

1 kg kleine festkochende Kartoffeln

Salz

2 TL ganzer Kümmelsamen

1 mittelgroßer Spitzkohl (etwa 600 g)

500 ml (½ l) Gemüsebrühe

350 g Kasseler-Aufschnitt

Für die Sauce:

150 ml Gemüsebrühe

1 Becher (150 g) Crème fraîche

1 geh. EL Salatmayonnaise

2 EL körniger Senf

etwas Currypulver

Salz

frisch gemahlener Pfeffer

Zucker

2 TL ganzer Kümmelsamen

einige Petersilienblättchen

Zubereitung

1 Kartoffeln gründlich waschen, mit Wasser bedeckt zum Kochen bringen, Salz und Kümmelsamen zugeben und Kartoffeln zugedeckt in 20–25 Minuten gar kochen. Kartoffeln abgießen, mit kaltem Wasser abschrecken, abtropfen lassen, sofort pellen und etwas abkühlen lassen.

2 Spitzkohl putzen, vierteln und den Strunk entfernen. Spitzkohl in feine Streifen schneiden, waschen und abtropfen lassen. Brühe in einem Topf zum Kochen bringen. Kohlstreifen hinzufügen, zum Kochen bringen und 2–5 Minuten kochen lassen. Kohlstreifen auf einem Sieb abtropfen und erkalten lassen.

3 Kasseler-Aufschnitt in Streifen schneiden. Kartoffeln in Scheiben schneiden und beiseitestellen.

4 Für die Sauce Brühe mit Crème fraîche, Mayonnaise und Senf verrühren. Die Sauce mit Curry, Salz, Pfeffer und Zucker abschmecken und Kümmelsamen unterrühren.

5 Abwechselnd Kartoffelscheiben, Spitzkohl-, Kasselerstreifen und Sauce in eine hohe Glasschale schichten, dabei die Kartoffelscheiben jeweils mit etwas Salz bestreuen. Petersilienblättchen abspülen, trocken tupfen und den Salat damit garnieren.

Tipp

Die Kartoffeln bereits am Vortag vorbereiten und kalt stellen.

Sechser Salat

Zubereitungszeit: 30 Minuten, ohne Durchziehzeit

6 Portionen | Pro Portion: E: 17 g, F: 34 g, Kh: 31 g, kJ: 2092, kcal: 501 | Einfach

6 gegarte Pellkartoffeln (600 g)

6 kleine Äpfel (750 g)

6 hart gekochte Eier

6 Gewürzgurken (150 g)

6 Zwiebeln (300 g)

6 Scheiben Fleischwurst (300 g)

Für die Sauce:

150 g Salatmayonnaise (50 % Fett)

150 g Naturjoghurt (3,5 % Fett)

1 EL mittelscharfer Senf

Salz

frisch gemahlener Pfeffer

1 Prise Zucker

1 Kartoffeln pellen und in Scheiben schneiden. Äpfel waschen, abtrocknen, vierteln, entkernen und in Stücke schneiden. Eier pellen und in Scheiben schneiden. Gurken abtropfen lassen und ebenfalls in Scheiben schneiden.

2 Zwiebeln abziehen, halbieren und in Streifen schneiden. Zwiebelstreifen in kochendem Salzwasser kurz blanchieren, auf ein Sieb geben, mit kaltem Wasser abschrecken und abtropfen lassen. Fleischwurst in Streifen schneiden.

3 Die vorbereiteten Salatzutaten in eine große Schüssel geben und vermischen.

4 Für die Sauce Mayonnaise mit Joghurt und Senf verrühren und mit Salz, Pfeffer und Zucker abschmecken. Die Sauce zu den Salatzutaten geben und untermengen. Den Salat gut durchziehen lassen.

Schneller Kartoffelsalat

Zubereitungszeit: 40 Minuten, ohne Durchziehzeit

4 Portionen | Pro Portion: E: 15 g, F: 42 g, Kh: 21 g, kJ: 2227, kcal: 532 | Klassisch

500 g festkochende Kartoffeln

Salz

3–4 Gewürzgurken

400 g fertiger Fleischsalat (aus dem Kühlregal)

etwas Gurkenflüssigkeit

Salz

frisch gemahlener Pfeffer

1 Prise Zucker

4 hart gekochte Eier

1 Kartoffeln gründlich waschen, mit Wasser bedeckt zum Kochen bringen, Salz zugeben und zugedeckt in 20–25 Minuten gar kochen. Kartoffeln abgießen, mit kaltem Wasser abschrecken, abtropfen lassen und sofort pellen. Kartoffeln lauwarm abkühlen lassen, in Würfel schneiden und in eine große Schüssel geben.

2 Gurken abtropfen lassen, in kleine Scheiben oder Würfel schneiden und zu den Kartoffelwürfeln geben. Fleischsalat mit etwas Gurkenflüssigkeit verrühren und untermischen. Den Salat mit Salz, Pfeffer und Zucker abschmecken.

3 Eier pellen und in Achtel schneiden. Einige Achtel zum Garnieren beiseitelegen, restliche Eierachtel vorsichtig unter den Salat heben. Den Salat etwas durchziehen lassen und mit den beiseite gelegten Eierachteln garniert servieren.

Tipp

Servieren Sie Wiener Würstchen oder Bratwürstchen dazu.

Kartoffel-Krabben-Salat

Zubereitungszeit: 40 Minuten, ohne Abkühl- und Durchziehzeit

4 Portionen | Pro Portion: E: 11 g, F: 17 g, Kh: 26 g, kJ: 1267, kcal: 302 | Zum Vorbereiten

Zutaten

500 g festkochende Kartoffeln

Salz

100 g TK-Erbsen

1 Apfel

100 g Sellerieknolle

125 g Krabbenfleisch

1–2 Stängel Estragon

125 g Salatmayonnaise

1 EL mittelscharfer Senf

Salz

frisch gemahlener Pfeffer

Zubereitung

1 Kartoffeln gründlich waschen, mit Wasser bedeckt zum Kochen bringen, Salz zugeben und zugedeckt in 20–25 Minuten gar kochen. Kartoffeln abgießen, mit kaltem Wasser abschrecken, abtropfen lassen, etwas abkühlen lassen, pellen und lauwarm abkühlen lassen. Kartoffeln in kleine Würfel oder Scheiben schneiden und in eine große Schüssel geben.

2 Salzwasser in einem Topf zum Kochen bringen. Die Erbsen darin etwa 3 Minuten garen. Anschließend auf ein Sieb geben, mit kaltem Wasser abschrecken und abtropfen lassen. Apfel abspülen, abtrocknen, vierteln, entkernen und in kleine Stücke schneiden.

3 Sellerie schälen und raspeln. Erbsen, Apfelstücke, Krabbenfleisch und Sellerieraspel zu den Kartoffelwürfeln geben und vorsichtig mischen.

4 Estragon abspülen und abtropfen lassen. Die Blättchen von den Stängeln zupfen. Estragonblättchen fein hacken. Mayonnaise mit Senf und Estragon verrühren und vorsichtig unter die Salatzutaten heben. Salat mit Salz und Pfeffer abschmecken.

5 Den Salat kalt gestellt noch etwas durchziehen lassen. Salat vor dem Servieren nochmals mit Salz und Pfeffer abschmecken.

Kartoffelsalat mit Oliven und Tapenade-Dressing

Zubereitungszeit: 40 Minuten, ohne Abkühl- und Durchziehzeit

4–6 Portionen | Pro Portion: E: 6 g, F: 43 g, Kh: 23 g, kJ: 2136, kcal: 510 | Raffiniert

Zutaten

700 g festkochende Kartoffeln

Salz

je 1 Glas grüne und schwarze Oliven ohne Stein (Abtropfgewicht je 170 g)

Für die Tapenade:

200 g gemischte Oliven ohne Stein

1 Glas Sardellenfilets (Fischeinwaage 40 g)

4 EL Balsamico-Essig

8 EL Olivenöl

Knoblauchpulver

frisch gemahlener Pfeffer

½ Bund Basilikum

Zubereitung

1 Kartoffeln gründlich waschen. Kartoffeln mit Wasser bedeckt in einem Topf zum Kochen bringen, Salz zugeben und in 20–25 Minuten gar kochen. Kartoffeln abgießen, mit kaltem Wasser abschrecken, etwas abkühlen lassen, pellen und in Scheiben oder Würfel schneiden. Kartoffeln in eine große Schüssel geben.

2 Oliven auf einem Sieb abtropfen lassen und zu den Kartoffelscheiben geben.

3 Für die Tapenade Oliven halbieren und Sardellen in kleine Stücke schneiden. Die beiden Zutaten in einem hohen Rührbecher pürieren. Essig hinzufügen und Olivenöl unterschlagen. Tapenade mit Knoblauch und Pfeffer abschmecken und unter die Salatzutaten heben. Den Salat 1–2 Stunden kalt stellen und durchziehen lassen.

4 Basilikum abspülen und trocken tupfen. Die Blättchen von den Stängeln zupfen. Den Salat vor dem Servieren nochmals vorsichtig umrühren, evtl. mit Knoblauch und Pfeffer nachwürzen und mit den Basilikumblättchen garniert servieren.

Tipp

Dazu Manchego-Käsewürfel oder -scheiben servieren.

Katalanischer Kartoffelsalat

Zubereitungszeit: 45 Minuten, ohne Abkühl- und Durchziehzeit

4–6 Portionen | Pro Portion: E: 6 g, F: 23 g, Kh: 22 g, kJ: 1406, kcal: 336 | Mit Alkohol

600 g kleine festkochende Kartoffeln

Salz

je 1 rote, grüne und gelbe Paprikaschote (etwa 600 g)

1 Glas Kapernäpfel (Abtropfgewicht 80 g)

1 Glas schwarze Oliven, ohne Stein (Abtropfgewicht 170 g)

1 Glas Sardellenfilets (Fischeinwaage 40 g)

einige Stängel Basilikum

Für die Salatsauce:

100 g Salatmayonnaise (50 % Fett)

5 cl Sherry

2 EL Weißweinessig

Salz

frisch gemahlener Pfeffer

Knoblauchpulver

1 Kartoffeln gründlich waschen, mit Wasser bedeckt zum Kochen bringen, Salz zugeben und zugedeckt in 15–20 Minuten gar kochen. Kartoffeln abgießen, mit kaltem Wasser abschrecken, abtropfen lassen, sofort pellen und lauwarm abkühlen lassen. Kartoffeln in Scheiben schneiden und in eine große Schüssel geben.

2 Paprika halbieren, entstielen, entkernen und die weißen Scheidewände entfernen. Die Schoten abspülen, abtropfen lassen und in Würfel schneiden. Paprikawürfel in kochendem Salzwasser kurz blanchieren, anschließend auf ein Sieb geben, mit kaltem Wasser abschrecken und abtropfen lassen.

3 Kapernäpfel und Oliven auf einem Sieb abtropfen lassen. Sardellenfilets evtl. etwas wässern und in kleine Stücke schneiden.

4 Basilikum abspülen und trocken tupfen. Die Blättchen von den Stängeln zupfen, einige Blättchen beiseitelegen. Restliche Blättchen klein schneiden. Paprikawürfel, Kapernäpfel, Oliven, Sardellenfiletstücke und Basilikum zu den Kartoffelscheiben geben und gut mischen.

5 Für die Sauce Mayonnaise mit Sherry und Essig verrühren, mit Salz, Pfeffer und Knoblauch abschmecken. Die Salatsauce zu den Salatzutaten geben und unterheben.

6 Den Salat kalt gestellt einige Stunden durchziehen lassen. Vor dem Servieren mit den beiseite gelegten Basilikumblättchen garnieren.

Kartoffelsalat mit Speck und Zwiebeln

Zubereitungszeit: 40 Minuten, ohne Abkühlzeit

4 Portionen | Pro Portion: E: 8 g, F: 14 g, Kh: 44 g, kJ: 1388, kcal: 332 | Beliebt – einfach

Zutaten

1,2 kg große Kartoffeln

Salz

4 Zwiebeln oder Schalotten

10 dünne Scheiben durchwachsener Speck

5 EL Speiseöl, z. B. Sonnenblumenöl

3 EL Kräuteressig

frisch gemahlener Pfeffer

Zubereitung

1 Kartoffeln gründlich waschen, mit Wasser bedeckt zum Kochen bringen, Salz zugeben und zugedeckt in 20–25 Minuten gar kochen. Kartoffeln abgießen, mit kaltem Wasser abschrecken, abtropfen und etwas abkühlen lassen.

2 Kartoffeln pellen, längs vierteln und in Scheiben schneiden.

3 Zwiebeln oder Schalotten abziehen und in kleine Würfel schneiden. Speckscheiben in Streifen schneiden. Speiseöl in einer Pfanne erhitzen und Zwiebel- oder Schalottenwürfel darin glasig dünsten. Speckstreifen darin auslassen. Essig hinzufügen, mit Salz und Pfeffer würzen.

4 Speck-Zwiebel-Masse mit den Kartoffelscheiben mischen, mit Salz und Pfeffer abschmecken und auf einer Platte anrichten.

Tipp

Den Salat auf grünen Salatblättern, z. B. Borretschblättern anrichten. Nach Belieben können die Kartoffeln auch mit Schale zum Salat verarbeitet werden.

Kartoffelsalat mit Pesto

Zubereitungszeit: 40 Minuten, ohne Abkühl- und Durchziehzeit

6 Portionen | Pro Portion: E: 9 g, F: 34 g, Kh: 24 g, kJ: 1815, kcal: 433 | Mit Alkohol

1 kg festkochende Kartoffeln

Salz

Für die Pestosauce:

2 Bund Basilikum

4 Knoblauchzehen

80 g geriebener Parmesan

40 g gemahlene Walnusskerne

1 TL Sherry medium

150 ml Olivenöl

1 gestr. TL Salz

frisch gemahlener Pfeffer

1. Kartoffeln gründlich waschen, mit Wasser bedeckt zum Kochen bringen, Salz zugeben und zugedeckt in 20–25 Minuten gar kochen. Kartoffeln abgießen, mit kaltem Wasser abschrecken, abtropfen und etwas abkühlen lassen.

2. Kartoffeln pellen und lauwarm abkühlen lassen. Kartoffeln in dünne Scheiben schneiden und in eine große Schüssel geben.

3. Für die Sauce Basilikum abspülen und trocken tupfen. Die Blättchen von den Stängeln zupfen. Blättchen fein hacken. Knoblauch abziehen, durch eine Knoblauchpresse drücken und mit Basilikum verrühren. Käse, Walnusskerne und Sherry hinzufügen. Nach und nach Olivenöl unterschlagen. Pesto mit Salz und Pfeffer abschmecken.

4. Die Kartoffelscheiben mit der Pestosauce vorsichtig mischen. Den Salat kalt gestellt etwa 2 Stunden durchziehen lassen. Salat zum Servieren nochmals mit Salz und Pfeffer abschmecken.

Kartoffel-Rettich-Salat

Zubereitungszeit: 50 Minuten, ohne Abkühl- und Durchziehzeit

4–6 Portionen | Pro Portion: E: 4 g, F: 13 g, Kh: 22 g, kJ: 951, kcal: 227 | Gut vorzubereiten

700 g kleine festkochende Kartoffeln

Salz

1 kleiner Rettich (etwa 400 g)

1 Salatgurke (etwa 400 g)

1 Bund Radieschen (etwa 250 g)

Salz

Für die Marinade:

100 ml heiße Gemüsebrühe

3 EL Weißweinessig

6 EL Sesam- oder Speiseöl

1 EL geriebener Meerrettich (aus dem Glas)

1 EL Sojasauce

frisch gemahlener Pfeffer

1 Kästchen Shiso-Kresse oder Radieschenkresse

1 Kartoffeln gründlich waschen, mit Wasser bedeckt zum Kochen bringen, Salz zugeben und zugedeckt in 15–20 Minuten gar kochen. Kartoffeln abgießen, mit kaltem Wasser abschrecken, abtropfen und etwas abkühlen lassen. Kartoffeln pellen und lauwarm abkühlen lassen. Kartoffeln in Scheiben schneiden und in eine große Schüssel geben.

2 Rettich schälen, abspülen, trocken tupfen und halbieren. Rettichhälften mit einem Gemüsehobel hobeln. Gurke abspülen, trocken tupfen und die Enden abschneiden. Gurke längs halbieren, entkernen und in dünne Scheiben schneiden. Radieschen putzen, waschen, trocken tupfen und in Scheiben schneiden. Die vorbereiteten Gemüsezutaten in eine Schüssel geben, mit Salz bestreuen und etwa 30 Minuten durchziehen lassen.

3 Für die Marinade heiße Brühe mit Essig verrühren, Sesam- oder Speiseöl unterschlagen. Meerrettich und Sojasauce unterrühren, mit Salz und Pfeffer abschmecken.

4 Salatzutaten evtl. auf einem Sieb abtropfen lassen, zu den Kartoffelscheiben geben, mit der Marinade übergießen und vorsichtig umrühren. Den Salat etwa 1 Stunde kalt stellen und durchziehen lassen.

5 Kresse abspülen, trocken tupfen und abschneiden. Den Salat mit Kresse bestreut servieren.

Tipp

Gebackenen oder gebratenen Fisch, z. B. Scholle, zum Kartoffelsalat servieren. Shiso-Kresse stammt aus Asien und wird auch chinesisches Basilikum genannt.

Kartoffelsalat mit Garnelen und Avocadocreme

Zubereitungszeit: 50 Minuten, ohne Kühl- und Durchziehzeit

6 Portionen | Pro Portion: E: 19 g, F: 18 g, Kh: 31 g, kJ: 1512, kcal: 361 | Etwas teurer

Für die Avocadocreme:

1 reife Avocado (etwa 200 g)

1 reife Birne (etwa 300 g)

Saft von 2 Limetten

Salz

frisch gemahlener Pfeffer

Für den Salat:

1 kg festkochende Kartoffeln

1 Zwiebel

150 ml Gemüsebrühe

Salz

2–3 EL Kräuteressig

4 EL Olivenöl

etwa 400 g Garnelen (ohne Schale)

2 EL Olivenöl

1 Knoblauchzehe

2 rote Chilischoten

1 Bund Rucola (Rauke)

etwa 150 g Cocktailtomaten

etwa 80 g Sprossen,
z. B. Alfalfa oder Soja

Zubereitung

1 Für die Avocadocreme Avocado längs halbieren und den Stein herauslösen. Avocado schälen, das Fruchtfleisch in Stücke schneiden und in einen hohen Rührbecher geben. Birne schälen, vierteln, entkernen und mit dem Limettensaft zu den Avocadostücken geben. Die Fruchtstücke pürieren. Die Creme mit Salz und Pfeffer abschmecken und kalt stellen.

2 Für den Salat Kartoffeln gründlich waschen, mit Wasser bedeckt zum Kochen bringen, Salz zugeben und zugedeckt in 20–25 Minuten gar kochen. Kartoffeln abgießen, mit kaltem Wasser abschrecken, abtropfen und etwas abkühlen lassen. Kartoffeln pellen und lauwarm abkühlen lassen. Kartoffeln in Scheiben schneiden und in eine große Schüssel geben.

3 Zwiebel abziehen und in kleine Würfel schneiden. Brühe mit den Zwiebelwürfeln in einem kleinen Topf zum Kochen bringen, dann die Brühe über die noch warmen Kartoffelscheiben geben. Salz daraufstreuen. Essig und Olivenöl daraufträufeln. Salat vorsichtig mischen und durchziehen lassen.

4 Garnelen abspülen und trocken tupfen. Olivenöl in einer Pfanne erhitzen. Garnelen kurz von beiden Seiten darin anbraten. Knoblauch abziehen, durch eine Knoblauchpresse drücken und zu den Garnelen geben.

5 Chilischoten längs halbieren, entstielen, entkernen, abspülen und abtrocknen. Schoten fein würfeln und unter die Garnelen in der Pfanne rühren. Garnelen unter den Salat heben.

6 Rucola verlesen, waschen und trocken schleudern. Dicke Stiele evtl. entfernen. Tomaten abspülen, trocken tupfen, halbieren und die Stängelansätze herausschneiden.

7 Den Kartoffelsalat abwechselnd mit Rucola und Tomatenhälften auf einer großen Platte anrichten. Sprossen darauf verteilen. Dazu die Avocadocreme reichen.

Salat mit Hackbällchen und Zaziki-Dressing

Zubereitungszeit: 40 Minuten

4 Portionen | Pro Portion: E: 33 g, F: 44 g, Kh: 36 g, kJ: 2820, kcal: 672 | Beliebt

Zutaten

Für die Hackbällchen:

1 Brötchen (Semmel) vom Vortag

1 Zwiebel

100 g Feta Käse

300 g Gehacktes (halb Rind-, halb Schweinefleisch)

1 Ei

Salz, frisch gemahlener Pfeffer

1 Prise Zimt

1–2 EL Olivenöl

500 g Grüne Bohnen

Salzwasser

1 Dose weiße Bohnenkerne (Abtropfgewicht 240 g)

Für das Dressing:

300 g Zaziki

75 ml Gemüsebrühe

2 EL Olivenöl

¼ TL Cayennepfeffer

6 eingelegte, milde grüne Peperoni (aus dem Glas)

100 g schwarze Oliven mit Stein

2 rote Zwiebeln

1 große gelbe Paprikaschote

750 g Fleischtomaten

Zubereitung

1 Für die Hackbällchen Brötchen in kaltem Wasser einweichen. Zwiebel abziehen und fein würfeln. Feta in kleine Würfel schneiden. Gehacktes in eine Schüssel geben. Brötchen gut ausdrücken und mit den Zwiebeln und dem Ei zufügen.

2 Die Zutaten gut vermengen und mit Salz, Pfeffer und Zimt abschmecken. Fetawürfel kurz unterkneten. Aus der Gehacktesmasse mit angefeuchteten Händen kleine Bällchen formen.

3 Öl in einer Pfanne erhitzen und die Hackbällchen darin unter Wenden rundherum knusprig braun braten, herausnehmen und erkalten lassen.

4 Bohnen putzen, evtl. abfädeln, waschen, abtropfen lassen und in 2 cm lange Stücke schneiden. Salzwasser in einem Topf zum Kochen bringen und die Bohnenstücke etwa 6 Minuten kochen. Bohnenstücke mit kaltem Wasser abschrecken und auf einem Sieb gut abtropfen lassen.

5 Bohnenkerne auf ein Sieb geben, kurz mit kaltem Wasser abspülen und gut abtropfen lassen.

6 Für das Dressing Zaziki mit Brühe und Öl verrühren und mit Salz und Cayennepfeffer abschmecken.

7 Peperoni und Oliven abtropfen lassen. Zwiebeln abziehen und in feine Ringe schneiden. Paprika halbieren, entstielen, entkernen und die weißen Scheidewände entfernen. Schote waschen, abtropfen lassen und in dünne Streifen schneiden. Tomaten waschen, abtrocknen, halbieren und die Stängelansätze herausschneiden. Tomaten grob würfeln.

8 Bohnenstücke, Bohnenkerne, Tomatenstücke, Peperoni, Oliven, Zwiebelringe und Paprikastreifen auf einer Platte anrichten. Dressing darauf träufeln und Hackbällchen darauf anrichten.

Beilage: Fladenbrot oder Röstkartoffeln.

Tipp

Das Würzen von Fleisch mit etwas Zimt ist für die griechische Küche typisch und dort sehr beliebt. Ursprung dieser geschmacklichen Verfeinerung ist sicher die orientalische Küche, in der das edle Gewürz ebenfalls sehr beliebt ist und auch zum Würzen von Lamm und Geflügel Verwendung findet. Sie sollten diese, für uns auf den ersten Blick etwas ungewöhnliche Note, unbedingt einmal ausprobieren.

Spitzkohlsalat mit Souflaki

Zubereitungszeit: 30 Minuten

4 Portionen | Pro Portion: E: 38 g, F: 16 g, Kh: 11 g, kJ: 1415, kcal: 338 | Einfach

Zutaten

600 g Spitzkohl

2 rote Paprikaschoten

2 Zwiebeln

1 Bund glatte Petersilie

Für die Kümmel-Vinaigrette:

4 EL Weißweinessig

½–1 TL gemahlener Kümmel

etwas Zucker

Salz

frisch gemahlener Pfeffer

6 EL Olivenöl

600 g Schweinefilet

2 TL Gyros-Gewürzmischung

2–3 EL Olivenöl

Zubereitung

1 Von dem Spitzkohl die äußeren Blätter entfernen, den Kohl vierteln und den Strunk herausschneiden. Kohl in dünne Streifen schneiden, waschen und abtropfen lassen.

2 Paprikaschoten halbieren, entstielen, entkernen und die weißen Scheidewände entfernen. Schoten waschen, abtropfen lassen und in Streifen schneiden. Zwiebeln abziehen, halbieren und in Ringe schneiden.

3 Petersilie abspülen, trocken tupfen und die Blättchen von den Stängeln zupfen. Spitzkohl- und Paprikastreifen mit Zwiebelringen und Petersilienblättchen vermengen.

4 Für die Vinaigrette Essig mit Kümmel verrühren und mit Zucker, Salz und Pfeffer abschmecken. Öl unterschlagen. Vinaigrette mit den Salatzutaten vermischen.

5 Schweinefilet trocken tupfen und in etwa 1 ½ cm breite Scheiben schneiden. Fleischscheiben flach auf zwei Holz- oder Schaschlikspieße stecken und mit der Gyros-Gewürzmischung bestreuen.

6 Olivenöl in einer beschichteten Pfanne erhitzen. Spieße darin unter Wenden etwa 5 Minuten braten und die Spieße mit dem Salat anrichten.

Tipp

Nach Belieben die Spitzkohlstreifen blanchieren.

Brathähnchensalat

Zubereitungszeit: 20 Minuten

4 Portionen | Pro Portion: E: 39 g, F: 39 g, Kh: 40 g, kJ: 2873, kcal: 687 | Mit Alkohol

Zutaten

600 g Eisbergsalat

2 Dosen Ananasstücke (Abtropfgewicht je 185 g)

2 Dosen Mandarinen (Abtropfgewicht je 175 g)

2 Kiwis

1 gebratenes, abgekühltes Hähnchen vom Grill

Für das Dressing:

4 EL Mayonnaise

2 EL Ketchup

2 EL Weinbrand

1 TL Zucker

Salz

frisch gemahlener Pfeffer

¼ TL Chilipulver

Zubereitung

1 Salat putzen, Blätter vom Strunk schneiden, waschen, gut abtropfen lassen und in mundgerechte Stücke schneiden. Ananas und Mandarinen auf einem Sieb abtropfen lassen. Kiwis schälen, halbieren und in Scheiben schneiden.

2 Das Hähnchenfleisch vom Knochen lösen und in Stücke schneiden.

3 Für das Dressing Mayonnaise mit Ketchup und Weinbrand verrühren, mit Zucker, Salz, Pfeffer und Chili abschmecken.

4 Salatstücke mit Ananasstücken, Mandarinen, Kiwischeiben und Hähnchenfleisch vermischen. Salat auf 4 Tellern anrichten und das Dressing auf den Salat träufeln.

Tipp

Reichen Sie frisches Baguette dazu.
Für eine alkoholfreie Variante den Weinbrand durch 2 Esslöffel Mandarinen- oder Ananassaft ersetzen.

Bunter Sommersalat

Zubereitungszeit: 40 Minuten

4 Portionen | Pro Portion: E: 38 g, F: 45 g, Kh: 8 g, kJ: 2444, kcal: 583 | Für Gäste

Zutaten

8 Tomaten

200 g Rucola (Rauke)

1 Topf Schnittlauch

2 Dosen Artischockenherzen (Abtropfgewicht je 210 g)

200 g Parmesan

40 g Pinienkerne

Für die Salatsauce:

1 Knoblauchzehe

3 EL Kräuteressig

Salz

frisch gemahlener Pfeffer

8 EL Olivenöl

2 Hähnchenbrustfilets (je etwa 120 g)

2 EL Olivenöl

Zubereitung

1 Tomaten waschen, abtrocknen, vierteln und die Stängelansätze herausschneiden. Tomaten in Spalten schneiden. Rucola verlesen und dicke Stängel herausschneiden. Rucola waschen, trocken tupfen oder schleudern und in mundgerechte Stücke zupfen. Schnittlauch abspülen, trocken tupfen und in kleine Röllchen schneiden.

2 Artischockenherzen auf einem Sieb abtropfen lassen und halbieren oder vierteln. Parmesan in dünne Scheiben hobeln. Pinienkerne in einer Pfanne ohne Fett hellbraun rösten.

3 Für die Salatsauce Knoblauch abziehen und in kleine Würfel schneiden. Essig mit Knoblauch verrühren und mit Salz und Pfeffer abschmecken. Olivenöl unterschlagen.

4 Hähnchenbrustfilets unter fließendem kalten Wasser abspülen, trocken tupfen und mit Pfeffer und Salz würzen. Öl in einer Pfanne erhitzen, die Hähnchenbrustfilets darin gut anbraten und in etwa 10 Minuten fertig braten.

5 Tomatenviertel mit Rucola und Artischockenherzen vermischen und mit der Salatsauce vermengen. Hähnchenbrustfilets in Scheiben schneiden und mit dem Käse zu dem Salat geben. Salat mit Pinienkernen und Schnittlauchröllchen bestreut servieren.

Tipp

Servieren Sie Vollkornbaguette dazu.

Salat mit Hähnchenstreifen und grünem Dressing

Zubereitungszeit: 30 Minuten

4 Portionen | Pro Portion: E: 45 g, F: 16 g, Kh: 4 g, kJ: 1446, kcal: 346 | Einfach

Zutaten

Für das grüne Dressing:

20 g gestiftelte Mandeln

2 Töpfe Basilikum

1 Topf glatte Petersilie

4 EL Olivenöl

75–100 ml Gemüsebrühe

2–3 EL Zitronensaft

Salz

frisch gemahlener Pfeffer

Zucker

Für den Salat:

700 g Hähnchenbrustfilet

Salz

frisch gemahlener Pfeffer

2 EL Olivenöl

175 g Cocktailtomaten

175 g Champignons

2 Frühlingszwiebeln

150 g Rucola (Rauke)

Zubereitung

1 Für das grüne Dressing Mandeln in einer Pfanne ohne Fett goldbraun rösten und herausnehmen. Kräuter abspülen, trocken tupfen und die Blättchen von den Stängeln zupfen. Kräuterblättchen und Mandeln in einen hohen Rührbecher oder Mixer geben, Olivenöl und etwa die Hälfte der Brühe hinzufügen und das Ganze fein pürieren. Nach und nach noch soviel Brühe hinzugießen und untermischen, so dass ein cremiges Dressing entsteht. Dressing mit Zitronensaft, Salz, Pfeffer und Zucker abschmecken.

2 Für den Salat Hähnchenbrustfilet unter fließendem kalten Wasser abspülen, trocken tupfen und in Streifen schneiden. Hähnchenstreifen mit Salz und Pfeffer bestreuen. Olivenöl in einer großen Pfanne erhitzen und die Hähnchenstreifen darin unter Wenden etwa 5 Minuten braten. Die Hähnchenstreifen in eine Schüssel geben und mit der Hälfte von dem Dressing vermischen, etwas abkühlen lassen.

3 Tomaten waschen, trocken tupfen und halbieren. Stängelansätze evtl. herausschneiden. Champignons putzen, mit Küchenpapier abreiben, evtl. abspülen und gut abtropfen lassen. Champignons in Scheiben schneiden. Frühlingszwiebeln putzen, waschen, abtropfen lassen und in dünne Ringe schneiden.

4 Rucola verlesen, dicke Stängel abschneiden, Rucola waschen und trocken tupfen oder trocken schleudern. Rucola in mundgerechte Stücke zupfen, mit Champignonscheiben, Frühlingszwiebelringen und Tomatenhälften auf einer großen Platte anrichten. Hähnchenstreifen darauf verteilen und restliches Dressing auf den Salat träufeln.

Tipp: Wer es gern etwas würziger mag, probiert einmal die rote Dressingvariante:

Für ein rotes Dressing:

20 g gestiftelte Mandeln, ½–1 kleine rote Chilischote, 60 g getrocknete Tomaten in Öl, 2 Stängel glatte Petersilie, 125 ml (⅛ l) Gemüsebrühe, 2–3 EL Zitronensaft, 2 EL Olivenöl, Salz, frisch gemahlener Pfeffer, Zucker

1. Mandeln in einer Pfanne ohne Fett goldbraun rösten, herausnehmen und erkalten lassen. Chilischote evtl. längs halbieren, entstielen und entkernen, Schote abspülen, abtropfen lassen und fein hacken.

2. Tomaten auf einem Sieb abtropfen lassen und etwas kleiner schneiden. Petersilie abspülen, trocken tupfen und die Blättchen von den Stängeln zupfen. Mandeln, Chili- und Tomatenstücke, Petersilienblättchen und die Hälfte der Brühe in einen hohen Rührbecher geben und fein pürieren. Restliche Brühe nach und nach untermischen, so dass ein cremiges Dressing entsteht. Zitronensaft und Öl unterschlagen und mit Salz, Pfeffer und Zucker abschmecken.

Schichtsalat mit Bohnen

Zubereitungszeit: 1 Stunde, ohne Durchziehzeit

12 Portionen | Pro Portion: E: 19 g, F: 37 g, Kh: 23 g, kJ: 2107, kcal: 503 | Für Gäste

Zutaten

Salzwasser

700 g grüne TK-Brechbohnen

300 g Staudensellerie

500 g Möhren

2 Bund Frühlingszwiebeln

8 hart gekochte Eier

2 Gläser Wachsbrechbohnen (Abtropfgewicht je 370 g)

2 Dosen weiße Riesenbohnen (Abtropfgewicht je 350 g)

400 g Kasseler-Aufschnitt

Für die Sauce:

1 Bund glatte Petersilie

500 g Salatmayonnaise

500 g Schmand

1–2 TL flüssiger Honig

Salz

frisch gemahlener Pfeffer

Cayennepfeffer

Zubereitung

1 Salzwasser in einem Topf zum Kochen bringen, grüne Bohnen hinzufügen und etwa 10 Minuten kochen lassen. Bohnen auf ein Sieb geben, mit kaltem Wasser abspülen und abtropfen lassen.

2 Staudensellerie putzen, waschen, abtropfen lassen und die harten Außenfäden abziehen. Selleriestangen in dünne Scheiben schneiden. Möhren putzen, schälen, abspülen, abtropfen lassen und grob raspeln.

3 Frühlingszwiebeln putzen, waschen, abtropfen lassen und in dünne Ringe schneiden. Einige Ringe zum Garnieren beiseitelegen. Eier pellen und in Scheiben schneiden.

4 Wachsbrechbohnen und Riesenbohnen getrennt auf Siebe geben und abtropfen lassen. Kasseler-Aufschnitt in Streifen schneiden.

5 Für die Sauce Petersilie abspülen, trocken tupfen und die Blättchen von den Stängeln zupfen. Einige Blättchen zum Garnieren beiseitelegen, restliche Blättchen fein schneiden. Mayonnaise mit Schmand und Honig verrühren und mit Salz, Pfeffer und Cayennepfeffer abschmecken. Petersilie unterrühren.

6 Nacheinander die Zutaten in 12 Portionsgläser oder eine große Schüssel schichten und mit der Salatsauce übergießen. Salat zugedeckt kalt stellen und etwa 12 Stunden durchziehen lassen. Salat mit beiseite gelegten Petersilienblättchen und Frühlingszwiebelringen garnieren.

Variante: 24-Stunden-Salat (für 8 Portionen).
Der Reihe nach in eine große Schüssel schichten: 1 Eisbergsalat, in Streifen geschnitten, 2 grüne gewürfelte Paprikaschoten, 300 g gegarte Erbsen, 1 große, gewürfelte Gemüsezwiebel, 4 gekochte Eier, in Scheiben geschnitten, 1 kleine Dose Kidneybohnen und 1 Dose Gemüsemais. Über den geschichteten Salat eine Sauce aus 150 g Naturjoghurt, 150 g Crème fraîche und 250 g Salatmayonnaise geben. Den Salat mit geraspeltem Gouda bestreuen und zugedeckt und kalt gestellt 24 Stunden ziehen lassen.

Tipp

Anstelle von Schmand können Sie auch saure Sahne oder milden Naturjoghurt verwenden.

Salattorte mit Schafskäse

Zubereitungszeit: 50 Minuten, ohne Durchziehzeit

12 Portionen | Pro Portion: E: 16 g, F: 16 g, Kh: 10 g, kJ: 1029, kcal: 246 | Gut vorzubereiten

Für die Salattorte:

3 Mini-Romana-Salate (je etwa 150 g)

2 Zucchini (400 g)

½ Bund Basilikum

500 g Tomaten

2 Bund Frühlingszwiebeln

250 g Lachsschinken in dünnen Scheiben

5 hart gekochte Eier

300 g Möhren

70 g Rucola (Rauke)

400 g Schafskäse

Für die Salatsauce:

400 g Zaziki

250 g Naturjoghurt (10 % Fett)

Salz

frisch gemahlener Pfeffer

¼ TL Paprikapulver rosenscharf

Zum Garnieren:

6 Cocktailtomaten

12 Scheiben Salatgurke

½ Bund Schnittlauch

1 Romana-Salate putzen, halbieren, in grobe Streifen schneiden, abspülen und trocken schleudern. Zucchini waschen, abtrocknen und die Enden abschneiden. Zucchini in dünne Scheiben schneiden.

2 Basilikum abspülen, trocken tupfen und die Blättchen von den Stängeln zupfen. Tomaten waschen, abtropfen lassen, halbieren und die Stängelansätze herausschneiden. Tomaten in dünne Scheiben schneiden. Frühlingszwiebeln putzen, waschen, abtropfen lassen und in feine Ringe schneiden.

3 Lachsschinken in Streifen schneiden. Eier pellen und in dünne Scheiben schneiden. Möhren putzen, schälen, abspülen, abtropfen lassen und fein raspeln. Rucola putzen, waschen, trocken schleudern und in kleine Stücke schneiden. Schafskäse grob raspeln oder zerbröckeln.

4 Nacheinander Romana-Salat, Zucchini, Basilikum, Tomaten, Frühlingszwiebeln, Schinken, Eier, Möhren, Rucola und Schafskäse in eine Springform (Ø 28 cm, Boden mit Backpapier belegt) füllen, dabei jede Lage etwas andrücken. Die Salattorte zugedeckt kalt stellen und 12–24 Stunden durchziehen lassen.

5 Für die Salatsauce Zaziki und Joghurt verrühren und mit Salz, Pfeffer und Paprikapulver würzen.

6 Den Springformrand vorsichtig lösen, die Torte mit dem Backpapier auf eine Platte oder ein Brett ziehen und das Papier mit einer Schere rundherum abschneiden.

7 Zum Garnieren Tomaten waschen, trocken tupfen, halbieren und die Stängelansätze herausschneiden. Die Gurkenscheiben gleichmäßig auf dem äußeren Rand der Tortenoberfläche verteilen und jeweils eine halbe Cocktailtomate darauflegen. Schnittlauch waschen und trocken tupfen, die Tortenoberfläche damit garnieren.

8 Die Salattorte mit einem elektrischen Messer in Stücke schneiden und die Salatsauce dazureichen.

Tipp

Die Salattorte direkt auf einer Platte zubereiten und anstelle der Form nur den Rand der Springform benutzen.

Porree-Pfifferlings-Salat

Zubereitungszeit: 25 Minuten, ohne Abkühlzeit

4 Portionen | Pro Portion: E: 21 g, F: 20 g, Kh: 8 g, kJ: 1299, kcal: 311 | Raffiniert

Zutaten

1 kg Porree (Lauch)

Salzwasser

Für das Dressing:

1 Knoblauchzehe

1 Becher (150 g) Crème fraîche

75 g Naturjoghurt (1,5 % Fett)

1 TL körniger Senf

Salz

frisch gemahlener Pfeffer

Zucker

½ Topf glatte Petersilie

30 g getrocknete Tomaten in Öl

500 g Pfifferlinge

2 EL Olivenöl

300 g geräucherter Putenbrustaufschnitt oder Kasseler-Aufschnitt

Zubereitung

1 Porree putzen, die Stangen längs halbieren, gründlich abspülen und abtropfen lassen. Porree in dünne Scheiben schneiden.

2 Salzwasser in einem Topf zum Kochen bringen. Porreescheiben darin etwa 3 Minuten garen, auf ein Sieb geben, mit kaltem Wasser abspülen, gut abtropfen und erkalten lassen.

3 Inzwischen für das Dressing Knoblauch abziehen und fein hacken. Crème fraîche mit Joghurt, Senf und Knoblauch verrühren und mit Salz, Pfeffer und Zucker würzen. Petersilie abspülen, trocken tupfen und die Blättchen von den Stängeln zupfen. Petersilienblättchen fein hacken und unter das Dressing rühren.

4 Tomaten auf einem Sieb abtropfen lassen und in feine Streifen schneiden. Pfifferlinge putzen und kurz abspülen, gut abtropfen lassen, gründlich trocken tupfen und evtl. kleiner schneiden. Öl in einer Pfanne erhitzen und Pfifferlinge darin unter Wenden etwa 4 Minuten braten, mit Salz und Pfeffer würzen.

5 Vorbereitete Salatzutaten und den Aufschnitt auf einer Platte anrichten und mit dem Dressing beträufeln.

Variante: Probieren Sie diesen Salat zusätzlich mit Möhrenscheiben. Dazu 2 mittelgroße Möhren putzen, schälen, abspülen, abtropfen lassen und in feine Scheiben schneiden. Die Möhrenscheiben zusammen mit den Porreescheiben kurz garen. Die Pfifferlinge können Sie durch Champignons ersetzen.
Eine vollwertige, sättigende Mahlzeit wird aus diesem Salat, wenn Sie 125 g gegarten Vollkornreis untermischen. Dann noch etwas Joghurt und Gemüsebrühe unter das Dressing rühren.

Tipp

Reichen Sie Vollkornbrot dazu.

Exotischer Ananassalat mit Schweinefilet

Zubereitungszeit: 30 Minuten, ohne Durchziehzeit

4 Portionen | Pro Portion: E: 25 g, F: 13 g, Kh: 24 g, kJ: 1348, kcal: 322 | Fruchtig

Zutaten

Zum Vorbereiten:

750 g junger Weißkohl

1–1 ½ TL Salz

1 TL Zucker

2 Frühlingszwiebeln

1 rote Paprikaschote

1 Baby-Ananas oder ¼ Ananas
(etwa 250 g Fruchtfleisch)

½ Bund Koriander oder
glatte Petersilie

Für das Dressing:

1 kleine rote Chilischote

Saft von 2 Limetten

½ TL gemahlener Koriandersamen

3–4 EL Sonnenblumen- oder Distelöl

400 g Schweinefilet

Salz

frisch gemahlener Pfeffer

2 EL Sonnenblumenöl

2 EL scharfe Asia-Chili-Sauce
(Asialaden)

Zubereitung

1 Zum Vorbereiten Weißkohl putzen, vierteln und den Strunk herausschneiden. Den Kohl mit einem Küchenhobel oder mit einer Küchenmaschine in sehr feine Streifen hobeln, waschen und abtropfen lassen.

2 Kohlstreifen mit Salz und Zucker mischen und mit den Händen kräftig durchkneten, bis er glasig wird. Kohl etwa 2 Stunden kalt gestellt durchziehen lassen.

3 Frühlingszwiebeln putzen, abspülen, abtropfen lassen und in feine Ringe schneiden. Paprika halbieren, entstielen, entkernen und die weißen Scheidewände entfernen. Schote abspülen, abtropfen lassen und in feine Würfel schneiden.

4 Von der Ananas den Schopf mit Stielansatz und dem obersten Stück Schale abschneiden. Ananas längs vierteln und den inneren Strunk herausschneiden. Ananas schälen und das Fruchtfleisch in Stücke schneiden.

5 Kräuter abspülen, trocken tupfen und die Blättchen von den Stängeln zupfen. Einige Blättchen zum Garnieren beiseitelegen, die restlichen Blättchen grob hacken.

6 Für das Dressing Chilischote längs halbieren, entstielen und entkernen. Die Schote abspülen, abtropfen lassen und fein hacken. Chili mit Limettensaft und Koriander verrühren und Öl unterschlagen.

7 Schweinefilet trocken tupfen und in etwa 2 cm dicke Scheiben schneiden. Filetscheiben mit Salz und Pfeffer bestreuen. Öl in einer Pfanne erhitzen und Filetscheiben darin von jeder Seite etwa 3 Minuten braten. Chili-Sauce auf die Filetscheiben träufeln und kurz durchschwenken.

8 Salat nochmals mit Salz und Pfeffer abschmecken, mit dem Filet anrichten und mit den beiseite gelegten Kräuterblättchen garnieren.

Tipp

Frisches Korianderkraut verleiht vor allem asiatischen und lateinamerikanischen Gerichten den charakteristisch mild-pfeffrigen Geschmack.

Apfel-Sellerie-Rohkostsalat

Zubereitungszeit: 20 Minuten

4 Portionen | Pro Portion: E: 12 g, F: 13 g, Kh: 32 g, kJ: 1257, kcal: 300 | Kalorienarm

Zutaten

Für die Marinade:

Saft von 2 Zitronen

2 EL flüssiger Honig

Salz

½ TL gemahlener Piment

Für den Salat:

4 Äpfel (etwa 600 g)

800 g Knollensellerie

100 g Kasseler-Aufschnitt oder geräucherter Putenbrustaufschnitt

250 g fettarmer Naturjoghurt (1,5 % Fett)

4 EL gehackte Walnusskerne

Zubereitung

1 Für die Marinade Zitronensaft mit Honig verschlagen, mit Salz und Piment abschmecken.

2 Für den Salat Äpfel waschen, abtrocknen, vierteln und entkernen. Sellerie putzen, schälen, abspülen und gut abtropfen lassen. Äpfel und Sellerie grob raspeln und unter die Marinade rühren.

3 Kasseler-Aufschnitt oder Putenbrustaufschnitt in feine Streifen schneiden. Joghurt glatt rühren und unter die Apfel-Sellerie-Mischung rühren.

4 Apfel-Sellerie-Rohkostsalat mit Aufschnittstreifen und Walnusskernen servieren.

Schneller Rote-Bete-Salat

Zubereitungszeit: 40 Minuten

4 Portionen | Pro Portion: E: 14 g, F: 29 g, Kh: 18 g, kJ: 1709, kcal: 408 | Schnell

500 g gegarte Rote Bete (vakuumverpackt)

225 g gegarte Kartoffelscheiben (aus dem Kühlregal)

1 Stange Porree (Lauch)

200 g Bierschinken

100 g Mayonnaise

100 g Naturjoghurt

Für die Sauce:

3 EL Weinessig

1 TL geriebener Meerrettich (aus dem Glas)

2 EL Rapsöl

½ EL Zucker

1 TL Salz

frisch gemahlener Pfeffer

1 Rote Bete in grobe Würfel schneiden. Kartoffelscheiben evtl. etwas zerkleinern und hinzufügen. Porree putzen, halbieren, waschen, abtropfen lassen und in feine Streifen schneiden. Etwa 1 Esslöffel Porreestreifen zum Garnieren beiseitelegen. Bierschinken in Streifen schneiden.

2 Vorbereitete Zutaten vermischen. Mayonnaise mit Joghurt verrühren und vorsichtig unterrühren.

3 Für die Sauce Weinessig, Meerrettich, Öl, Zucker, Salz und Pfeffer verrühren und unter die Salatzutaten heben. Den Salat etwas durchziehen lassen und vor dem Servieren nochmals abschmecken. Rote-Bete-Salat mit den beiseite gelegten Porreestreifen garnieren.

Tipp

Reichen Sie Roggenbrötchen zu dem Salat. Die Porreestreifen nach Belieben blanchieren. Die Kartoffelscheiben aus dem Kühlregal können Sie natürlich auch durch gekochte, erkaltete, in Würfel geschnittene, festkochende Kartoffeln ersetzen.

Wurst-Käse-Salat

Zubereitungszeit: 35 Minuten, ohne Abkühl- und Durchziehzeit

4 Portionen | Pro Portion: E: 28 g, F: 51 g, Kh: 4 g, kJ: 2481, kcal: 539 | Einfach

250 g Zwiebeln

250 g Emmentaler

350 g Fleischwurst

75 g Gewürzgurken

Für die Marinade:

2 EL Weißweinessig

2 EL Wasser

1 TL mittelscharfer Senf

Salz

frisch gemahlener Pfeffer

½ TL Zucker

4 EL Speiseöl, z. B. Sonnenblumenöl

1 EL Schnittlauchröllchen

1 Zwiebeln abziehen und in Ringe schneiden. Wasser in einem Topf zum Kochen bringen, Zwiebelringe hinzufügen und etwa 2 Minuten kochen lassen, anschließend auf einem Sieb abtropfen und erkalten lassen.

2 Emmentaler in Streifen schneiden. Von der Fleischwurst die Haut entfernen. Fleischwurst längs halbieren und Fleischwurst und Gewürzgurken in Scheiben schneiden.

3 Für die Marinade Essig mit Wasser, Senf, Salz, Pfeffer und Zucker verrühren. Öl unterschlagen. Die Salatzutaten mit der Sauce vermengen und den Salat etwa 1 Stunde durchziehen lassen. Den Salat mit Schnittlauchröllchen bestreut servieren.

Tipp

Dazu Laugenbrötchen oder -brezeln servieren. Für einen Kasseler-Käse-Salat anstelle der Fleischwurst Kasseler-Aufschnitt in Streifen schneiden und zum Salat geben.

Roastbeef-Gemüse-Salat

Zubereitungszeit: 30 Minuten

4 Portionen | Pro Portion: E: 25 g, F: 9 g, Kh: 46 g, kJ: 1555, kcal: 372 | Fettarm

Zutaten

8 Möhren (je etwa 100 g)

400 g Champignons

je 1 große gelbe und rote Paprikaschote

einige frische Salbeiblätter

2 EL Speiseöl, z. B. Olivenöl

Salz

frisch gemahlener Pfeffer

100 ml Gemüsebrühe

8 EL Weißwein- oder Apfelessig

etwas Zucker

2 TL Kürbiskerne

160 g Roastbeef-Aufschnitt

4 Vollkornbrötchen (je etwa 60 g)

Zubereitung

1 Möhren putzen, schälen, abspülen, abtropfen lassen und schräg in dünne Scheiben schneiden oder hobeln. Champignons putzen und mit Küchenpapier abreiben, evtl. kurz abspülen, gut abtropfen lassen und in Scheiben schneiden.

2 Paprikaschoten halbieren, entstielen, entkernen und die weißen Scheidewände entfernen. Schoten waschen, abtropfen lassen und in Stücke schneiden. Salbei abspülen und trocken tupfen, einige Blätter zum Garnieren beiseitelegen.

3 Öl in einer Pfanne erhitzen und nacheinander Möhrenscheiben mit Salbei, Paprikastücken und Champignons in der Pfanne andünsten, mit Salz und Pfeffer würzen, aus der Pfanne nehmen und miteinander vermischen.

4 Gemüsebrühe und Essig in der Pfanne verrühren, kurz erwärmen und mit Zucker, Salz und Pfeffer abschmecken, etwas abkühlen lassen und auf das Gemüse träufeln. Kürbiskerne in einer Pfanne ohne Fett anrösten. Gemüse mit Kürbiskernen bestreuen und mit dem Roastbeef-Aufschnitt anrichten.

5 Roastbeef-Gemüse-Salat mit den beiseite gelegten Salbeiblättern garnieren und dazu die Brötchen reichen.

Tipp

Der Roastbeef-Gemüse-Salat schmeckt warm und kalt.

Frühsommerlicher Blattsalat

Zubereitungszeit: 20 Minuten
4 Portionen | Pro Portion: E: 26 g, F: 15 g, Kh: 9 g, kJ: 1163, kcal: 278 | Einfach

Zutaten

2 Hähnchenbrustfilets (je etwa 200 g)
3 EL Sojasauce
1 TL flüssiger Honig
frisch gemahlener Pfeffer

2 Möhren
2 Frühlingszwiebeln
250 g Cocktailtomaten
500 g verschiedene Salate, z. B. Frisée, Rucola, Radicchio

Für das Salatdressing:
2–3 EL Weißweinessig
Salz
frisch gemahlener Pfeffer
1 Prise Zucker
1–2 EL gemischte gehackte Kräuter, z. B. Petersilie, Kerbel, Schnittlauch
5 EL Olivenöl

2 EL Speiseöl, z. B. Olivenöl
Salz

Zubereitung

1 Hähnchenbrustfilets unter fließendem kalten Wasser abspülen, trocken tupfen und in mundgerechte Stücke schneiden. Sojasauce mit Honig verrühren und mit den Hähnchenstücken vermischen, mit Pfeffer würzen und zugedeckt im Kühlschrank 20–30 Minuten marinieren.

2 Möhren putzen, schälen, waschen, abtropfen lassen und zuerst längs in dünne Scheiben, dann in kleine Stifte schneiden. Frühlingszwiebeln putzen, waschen, abtropfen lassen und in dünne Scheiben schneiden. Cocktailtomaten waschen, abtrocknen, halbieren und die Stängelansätze herausschneiden.

3 Von den Salatsorten die äußeren welken Blätter entfernen. Rucola verlesen und dicke Stängel abschneiden. Salate gründlich waschen, trocken tupfen oder trocken schleudern und in mundgerechte Stücke zupfen.

4 Für das Salatdressing Essig mit Salz, Pfeffer, Zucker und Kräutern verrühren. Öl unterschlagen. Möhrenstifte mit Frühlingszwiebelringen, Tomatenhälften, Salaten und dem Salatdressing mischen.

5 Speiseöl in einer großen Pfanne erhitzen und Hähnchenstücke darin unter Rühren etwa 5 Minuten braten, mit Salz würzen und auf dem Salat anrichten.

Hirschbraten-Mandarinen-Salat

Zubereitungszeit: 20 Minuten

4 Portionen | Pro Portion: E: 37 g, F: 41 g, Kh: 19 g, kJ: 2490, kcal: 596 | Etwas Besonderes

Zutaten

500 g gegarter Hirschbraten

1 Dose Mandarinen (Abtropfgewicht 175 g)

Für das Dressing:

120 g Mayonnaise

1 Becher (150 g) Crème fraîche

2 EL Honig, z. B. Lindenblütenhonig

1 TL gehackte Thymianblättchen

1 TL gehackte Rosmarinnadeln

Salz

frisch gemahlener Pfeffer

etwa 8 große Salatblätter, z. B. Lollo Bionda

Zubereitung

1 Den Hirschbraten in kleine Würfel schneiden. Die Mandarinen auf einem Sieb abtropfen lassen.

2 Für das Dressing Mayonnaise mit Crème fraîche und Honig verrühren, Thymian und Rosmarin unterrühren. Dressing mit Salz und Pfeffer abschmecken.

3 Salatblätter waschen, gut abtropfen lassen oder trocken schleudern und je 2 Blätter auf 4 Teller legen. Die Hirschbratenwürfel darauf verteilen, das Dressing daraufträufeln und den Salat mit den Mandarinen garnieren.

Tipp

Für den Salat lassen sich wunderbar auch Bratenreste von anderen Wildbraten verwenden.

Labskaus-Salat

Zubereitungszeit: 50 Minuten, ohne Abkühl- und Durchziehzeit

4 Portionen | Pro Portion: E: 35 g, F: 24 g, Kh: 21 g, kJ: 1878, kcal: 448 | Für Gäste

Zutaten

700 g festkochende Kartoffeln

Salz

1 Glas Rote Bete in Scheiben (Abtropfgewicht 220 g)

5 hart gekochte Eier

400 g Corned-Beef-Aufschnitt

375 g Matjesfilet

1 Zwiebel

150 g saure Sahne

4 EL Schlagsahne

1 EL Weißweinessig

2 TL Himbeersirup

Salz

frisch gemahlener Pfeffer

1 Bund Schnittlauch

Zubereitung

1 Kartoffeln waschen, mit Wasser bedeckt zum Kochen bringen, Salz zugeben und zugedeckt in 20–25 Minuten gar kochen. Kartoffeln abgießen, mit kaltem Wasser abschrecken, abtropfen und etwas abkühlen lassen. Kartoffeln dann pellen und lauwarm abkühlen lassen. Kartoffeln in Scheiben schneiden und in eine große Schüssel geben.

2 Rote-Bete-Scheiben abtropfen lassen und halbieren oder vierteln. Eier schälen und in etwas größere Stücke schneiden. Corned Beef in Streifen schneiden. Matjesfilets in Stücke schneiden, evtl. Gräten entfernen. Zwiebel abziehen, zuerst in dünne Scheiben schneiden, dann in Ringe teilen. Die Salatzutaten zu den Kartoffelscheiben geben und mischen.

3 Saure Sahne mit Sahne, Essig und Sirup verrühren, mit Salz und Pfeffer abschmecken. Die Sauce unter die Salatzutaten mischen. Den Salat kalt gestellt etwa 30 Minuten durchziehen lassen.

4 Schnittlauch abspülen, trocken tupfen und in Röllchen schneiden. Salat mit Schnittlauchröllchen bestreut servieren.

Miniwürstchensalat

Zubereitungszeit: 30 Minuten

4 Portionen | Pro Portion: E: 12 g, F: 35 g, Kh: 4 g, kJ: 1624, kcal: 388 | Einfach zuzubereiten

Zutaten

500 g Mini-Cocktail-Würstchen

1 Bund Radieschen

1 Glas Gewürzgurken (Abtropfgewicht 190 g)

1 Glas Silberzwiebeln (Abtropfgewicht 185 g)

1 grüne Paprikaschote

Für das Dressing:

4 EL Obstessig

etwas Zucker

Salz

frisch gemahlener Pfeffer

8 EL Rapsöl

1–2 EL Schnittlauchröllchen

Zubereitung

1 Die Würstchen diagonal halbieren. Radieschen putzen, abspülen, abtropfen lassen und in Scheiben schneiden.

2 Gewürzgurken und Silberzwiebeln auf je einem Sieb oder nacheinander abtropfen lassen. Gurken in Scheiben schneiden.

3 Paprikaschote halbieren, entstielen, entkernen und die Scheidewände entfernen. Paprikaschote abspülen, abtropfen lassen und in feine Würfel schneiden.

4 Für das Dressing Essig mit Zucker, Salz und Pfeffer verrühren, Öl unterschlagen, evtl. nochmals abschmecken und das Dressing mit den Salatzutaten vermischen. Den Salat mit Schnittlauchröllchen garniert servieren.

Tipp

Dazu passt ein kräftiges Bauernbrot. Der Salat schmeckt auch gut mit angebratenem Leberkäse.

Linsensalat mit gebratener Blutwurst

Zubereitungszeit: 45 Minuten

4 Portionen | Pro Portion: E: 19 g, F: 38 g, Kh: 28 g, kJ: 2220, kcal: 531 | Raffiniert

Zutaten

150 g kleine französische Linsen (Puy-Linsen)

1 Knoblauchzehe

1 Lorbeerblatt

1 kleine Zwiebel

1 Möhre

100 g Knollensellerie

1 kleine Stange Porree (Lauch)

20 g Butter

Für das Dressing:

3 EL Rotweinessig

1 EL Honig

Salz

frisch gemahlener Pfeffer

4 EL Sonnenblumenöl

2 Äpfel, z. B. Delicius

300 g geräucherte Blutwurst

2–3 EL Sonnenblumenöl

einige Spritzer Crema di Balsamico

Zubereitung

1 Die Linsen abspülen und abtropfen lassen. Die Linsen nach Packungsanleitung mit der Knoblauchzehe und dem Lorbeerblatt gar, aber noch bissfest kochen. Anschließend die Linsen auf einem Sieb abtropfen lassen.

2 Zwiebel abziehen und fein würfeln. Möhre und Sellerie putzen, schälen, abspülen, abtropfen lassen und in feine Würfel schneiden. Porree putzen, längs halbieren, waschen, abtropfen lassen und ebenfalls in feine Stücke schneiden.

3 Die Butter in einer Pfanne zerlassen. Zwiebel,- Möhren-, Selleriewürfel und Porreestücke darin andünsten. Die Linsen hinzufügen und noch 3–4 Minuten mitdünsten. Linsen-Gemüse-Mischung in eine Schüssel füllen.

4 Für das Dressing Essig mit Honig verrühren, mit Salz und Pfeffer würzen. Sonnenblumenöl unterschlagen. Das Dressing unter die noch warme Linsen-Gemüse-Mischung rühren. Salat noch etwas abkühlen lassen.

5 Äpfel waschen, abtrocknen, vierteln, entkernen und in schmale Spalten schneiden. Die Blutwurst enthäuten und in etwa 1 cm dicke Scheiben schneiden. Öl in einer Pfanne erhitzen. Die Apfelspalten darin von beiden Seiten kurz anbraten und herausnehmen. Dann die Blutwurstscheiben von beiden Seiten darin braten. Den Linsensalat mit Apfelspalten und Blutwurstscheiben auf Tellern anrichten und mit ein paar Tropfen Crema di Balsamico beträufeln.

Tipp

Den Salat kann man mit Kartoffelpüree auch als Hauptspeise servieren. Französische Puy-Linsen sind grüne Linsen mit einem intensiven nussigen Geschmack. Es können aber auch normale Tellerlinsen verwendet werden, diese nach Packungsanleitung zubereiten. Crema di Balsamico ist auf Grund seiner cremigen Konsistenz ideal zum Würzen und Garnieren.

Pfannkuchensalat

Zubereitungszeit: 60 Minuten

10–12 Portionen | Pro Portion: E: 22 g, F: 15 g, Kh: 26 g, kJ: 1422, kcal: 340 | Zum Kindergeburtstag

Zutaten

Für die Pfannkuchen:

250 g Weizenmehl (Type 405)

4 Eier (Größe M)

1 TL Salz

250 ml (¼ l) Milch

6 EL Wasser

2 Dosen Ananasstücke (Abtropfgewicht je 340 g)

700 g Hähnchenbrustfilet

8 EL Rapsöl

Salz

frisch gemahlener Pfeffer

6 EL Ananassaft

4 EL Sojasauce

4–5 EL Obstessig

1 Prise Zucker

6–8 EL Rapsöl zum Backen der Pfannkuchen

1 Salatgurke (etwa 800 g)

1 Kopf Eisbergsalat

100 g geröstete, gesalzene Cashewkerne

Zubereitung

1 Für die Pfannkuchen Mehl in eine Schüssel geben, in die Mitte eine Vertiefung eindrücken. Eier mit Salz, Milch und Wasser verschlagen, etwas davon in die Vertiefung geben und von der Mitte aus Eierflüssigkeit und Mehl verrühren. Nach und nach die restliche Eierflüssigkeit dazugeben, dabei darauf achten, dass keine Klümpchen entstehen. Den Teig etwa 20 Minuten ruhen lassen.

2 Ananasstücke auf einem Sieb abtropfen lassen, dabei den Saft auffangen und 6 Esslöffel davon abmessen. Hähnchenbrustfilets unter fließendem kalten Wasser abspülen, trocken tupfen und in Streifen schneiden. 4 Esslöffel Öl in einer großen Pfanne erhitzen. Die Fleischstreifen darin goldbraun braten, mit Salz und Pfeffer würzen, aus der Pfanne nehmen und abkühlen lassen.

3 Den abgemessenen Ananassaft, Sojasauce und Essig in die Pfanne geben und den Bratsatz loskochen. Mit Salz, Pfeffer, Zucker und dem restlichen Öl zu einer Salatsauce verrühren und abschmecken.

4 Etwas Öl in einer beschichteten Pfanne (Ø 26–28 cm) erhitzen. Den Pfannkuchenteig gut durchrühren und eine dünne Teiglage mit einer drehenden Bewegung gleichmäßig auf dem Boden der Pfanne verteilen. Den Pfannkuchen auf beiden Seiten goldgelb backen. Bevor der Pfannkuchen gewendet wird, etwas Öl in die Pfanne geben. Aus dem restlichen Teig weitere Pfannkuchen zubereiten.

5 Gurke abspülen, abtrocknen und die Enden abschneiden. Die Gurke der Länge nach halbieren. Die Kerne mit einem Löffel herauskratzen und die Gurkenhälften in Streifen schneiden. Eisbergsalat putzen, achteln, abspülen und gut abtropfen lassen. Den Strunk herausschneiden und die Achtel in schmale Streifen schneiden.

6 Die Pfannkuchen in kurze Streifen schneiden. Cashewkerne hacken. Gurken, Eisbergsalat und Ananasstücke in der Salatsauce mischen. Cashewkerne und Pfannkuchenstreifen unterheben.

Salat mit Sesam-Puten-Streifen

Zubereitungszeit: 40 Minuten, ohne Durchziehzeit

4 Portionen | Pro Portion: E: 36 g, F: 28 g, Kh: 40 g, kJ: 2338, kcal: 558 | Beliebt

Zutaten

Für den Salat:

1 Dose Ananasringe (Abtropfgewicht 350 g)

1 Bund Frühlingszwiebeln

250 g Cocktailtomaten

1 Bund Rucola (Rauke)

3 EL milder Essig, z. B. Apfelessig

6 EL Speiseöl, z. B. Erdnussöl

etwas Zucker

Salz

frisch gemahlener Pfeffer

Für die Putensticks:

4 Putenschnitzel (je etwa 120 g)

2 Eier (Größe M)

2 EL Weizenmehl

4 EL Sesamsamen

Salz

frisch gemahlener Pfeffer

3 EL Speiseöl, z. B. Sonnenblumenöl

Zum Dippen:

etwa 200 ml süß-saure Sauce (aus der Flasche)

Zubereitung

1 Für den Salat Ananasringe auf ein Sieb geben, abtropfen lassen und in kleine Stücke schneiden. Frühlingszwiebeln putzen, abspülen, abtropfen lassen und in 3 cm lange Stücke schneiden.

2 Cocktailtomaten abspülen, trocken tupfen, halbieren und die Stängelansätze herausschneiden. Rucola verlesen, dicke Stiele abschneiden. Rucola waschen, trocken tupfen oder schleudern und in kleine Stücke schneiden.

3 Ananas-, Frühlingszwiebelstücke, Cocktailtomaten und Rucola in eine Schüssel geben.

4 Essig mit Öl verrühren, mit Zucker, Salz und Pfeffer abschmecken und mit den vorbereiteten Salatzutaten gut vermischen. Den Salat kalt gestellt etwa 30 Minuten durchziehen lassen, dabei gelegentlich umrühren.

5 Für die Putensticks Putenschnitzel unter fließendem kalten Wasser abspülen, trocken tupfen und in etwa 5 cm lange Streifen schneiden.

6 Eier in einer Schale verschlagen. Mehl und Sesamsamen jeweils in eine Schale geben. Putenstücke mit Salz und Pfeffer würzen, zuerst im Mehl wälzen, dann mithilfe einer Gabel durch die verschlagenen Eier ziehen. Putenstücke am Schüsselrand etwas abstreifen und zuletzt in den Sesamsamen wenden. Panade fest andrücken.

7 Öl in einer großen Pfanne erhitzen und die panierten Putenstücke darin, evtl. in 2 Portionen, in etwa 7 Minuten knusprig braten.

8 Die Putensticks mit dem Salat anrichten. Dazu die süß-saure Sauce zum Dippen reichen.

Gemischter Salat mit Fischfilet und Frischkäse-Dressing

Zubereitungszeit: 35 Minuten

4 Portionen | Pro Portion: E: 31 g, F: 12 g, Kh: 9 g, kJ: 1165, kcal: 278 | Kalorienarm

Zutaten

Für das Frischkäse-Dressing:

1 Knoblauchzehe

100 g fettreduzierter Frischkäse (16 % Fett)

125 ml (⅛ l) Milch

1 TL Tomatenketchup

1–1 ½ TL mittelscharfer Senf

2–3 EL Zitronensaft

Salz

frisch gemahlener Pfeffer

600–800 g Tilapia- oder Pangasius-Filets

3 EL Zitronensaft

2 Frühlingszwiebeln

100 g rose oder weiße Champignons

300 g Tomaten

1 Kopf Bataviasalat

½ Bund Basilikum

2 EL Olivenöl

Salz

frisch gemahlener Pfeffer

Zucker

Zubereitung

1 Für das Frischkäse-Dressing Knoblauch abziehen und fein würfeln. Frischkäse mit Milch, Ketchup, Senf, Zitronensaft und Knoblauch in einen hohen Rührbecher geben und mit Handrührgerät mit Rührbesen verrühren. Dressing mit Salz und Pfeffer abschmecken.

2 Fischfilets unter fließendem kalten Wasser abspülen, trocken tupfen und mit Zitronensaft beträufeln.

3 Frühlingszwiebeln putzen, abspülen, gut abtropfen lassen und in feine Ringe schneiden. Champignons putzen, mit Küchenpapier abreiben, evtl. kurz abspülen und gut abtropfen lassen. Champignons vierteln oder in Scheiben schneiden. Tomaten waschen, abtrocknen und halbieren, Stängelansätze herausschneiden und Tomaten entkernen. Tomaten in Stücke schneiden.

4 Salat putzen, waschen und gut abtropfen lassen oder trocken schleudern. Salat in mundgerechte Stücke zupfen. Basilikum abspülen, trocken tupfen, die Blättchen von den Stängeln zupfen und fein schneiden. Salatzutaten auf einer großen Platte oder 4 Tellern anrichten und mit dem Dressing beträufeln.

5 Fischfilets trocken tupfen und mit Salz und Pfeffer bestreuen. Öl in einer Pfanne erhitzen und die Filets je nach Dicke von jeder Seite 3–5 Minuten darin braten. Filets in mundgerechte Stücke schneiden und auf dem Salat anrichten.

Tipp

Für das Dressing eignet sich statt Milch auch Buttermilch oder Kefir, deren feine Säure das Dressing noch pikanter macht.
Tilapia ist ein Speisefisch aus der Buntbarschfamilie und wird, wie auch Pangasius, seit einigen Jahren aus Zucht und Aquakultur aus Fernost angeboten. Sein festes Filet eignet sich besonders gut zum Braten, Dünsten oder auch Grillen. Bei Pangasius handelt es sich um eine schnell wachsende Welsart.
Sie können den Salat natürlich auch mit geräuchertem Fischfilet, z. B. Heilbutt, Forelle oder klassischen Fischfilet (Seelachs, Rotbarsch) anrichten.

Matjes-Orangen-Salat

Zubereitungszeit: 25 Minuten

4 Portionen | Pro Portion: E: 27 g, F: 31 g, Kh: 10 g, kJ: 1874, kcal: 440 | Mit Alkohol

6 Matjesfilets, etwa 480 g

100 g gegarte, geschälte Garnelen

1 Bio-Orange (unbehandelt)

1 EL Meerrettich (frisch gerieben oder aus einem Glas)

200 g Schmand

2 EL Cognac

Salz

frisch gemahlener Pfeffer

2 EL Schnittlauchröllchen

1 Matjesfilets abtropfen lassen und in 2–3 cm breite Streifen schneiden. Die Garnelen grob hacken.

2 Die Orange heiß abwaschen und abtrocknen. Die Schale mit einem Sparschäler hauchdünn abschälen und in feine Streifen schneiden. Wasser in einem Topf zum Kochen bringen. Orangenschalen hinzufügen und kurz blanchieren. Orangenschalen gut abtropfen lassen.

3 Matjes, Garnelen, Orangenstreifen und Meerrettich in einer Schüssel vermischen. Schmand mit Cognac verrühren und mit Salz und Pfeffer abschmecken. Schmandsauce über die Matjesmischung gießen.

4 Die Orange so abschälen, dass die gesamte weiße Haut entfernt wird. Orange filetieren oder in Stücke schneiden.

5 Matjesmischung mit Schnittlauch bestreuen und mit Orangenfilets oder Orangenstücken garnieren.

Tipp

Den Salat in Gläsern anrichten und mit Schnittlauchhalmen garnieren. Die Orangenfilets oder -stücke vorsichtig (damit der Salat nicht so matschig wird) unter den Salat heben. Der Salat kann schon am Vortag zubereitet und kalt gestellt werden.

Matjessalat mit Roter Bete

Zubereitungszeit: 50 Minuten, ohne Durchziehzeit

10–12 Portionen | Pro Portion: E: 19 g, F: 27 g, Kh: 12 g, kJ: 1653, kcal: 395 | Für Gäste

12 Matjesfilets (je etwa 60 g)

6 mittelgroße Zwiebeln

8–10 Gewürzgurken

6 große gegarte Pellkartoffeln

6 hart gekochte Eier

1 Glas Rote Bete in Scheiben (Abtropfgewicht 220 g)

Für die Salatsauce:

4 EL Salatmayonnaise (etwa 150 g)

450 g Joghurt

125 g Schlagsahne

1 gestr. TL mittelscharfer Senf

Salz

frisch gemahlener Pfeffer

Zucker

1 Matjesfilets evtl. entgräten, jedes Filet in 4–5 Stücke schneiden. Zwiebeln abziehen, halbieren und in Streifen schneiden.

2 Gurken abtropfen lassen, dann in Scheiben schneiden. Kartoffeln pellen, längs halbieren und in Scheiben schneiden. Eier schälen und ebenfalls in Scheiben schneiden. Rote Bete gut abtropfen lassen (evtl. auf Küchenpapier).

3 Für die Sauce Mayonnaise mit Joghurt und Sahne verrühren, mit Senf, Salz, Pfeffer und Zucker würzen.

4 Die Salatzutaten in eine große Schüssel geben und vorsichtig miteinander vermischen. Die Salatsauce daraufgeben. Den Salat kalt gestellt 4–6 Stunden durchziehen lassen.

Tipp

Dazu schmeckt Schwarzbrot oder dunkles Vollkornbrot sehr gut. Den Salat mit Petersilienblättchen garnieren.

Kartoffelsalat „Maritime Art“

Zubereitungszeit: 50 Minuten, ohne Abkühl- und Durchziehzeit

4–6 Portionen | Pro Portion: E: 23 g, F: 59 g, Kh: 22 g, kJ: 2986, kcal: 713 | Etwas teurer

Zutaten

500 g kleine festkochende Kartoffeln

Salz

2 Bund Frühlingszwiebeln (etwa 500 g)

400 g Räucherlachs oder Graved Lachs

2 Fleischtomaten (etwa 300 g)

2 Kästchen Gartenkresse

1 Glas Forellenkaviar (Einwaage 100 g)

Für die Sherry-Senf-Sauce:

1 Eigelb

5 cl Sherry medium

1 EL mittelscharfer Senf

Salz

frisch gemahlener Pfeffer

250 ml (¼ l) Speiseöl, z. B. Rapsöl

2 EL Weißweinessig

etwas Knoblauchpulver

Zubereitung

1 Kartoffeln waschen, mit Wasser bedeckt zum Kochen bringen, Salz zugeben und zugedeckt in 15–20 Minuten gar kochen. Kartoffeln abgießen, mit kaltem Wasser abschrecken, abtropfen und etwas abkühlen lassen, dann pellen und lauwarm abkühlen lassen. Kartoffeln in Scheiben schneiden und in eine große Schüssel geben.

2 Frühlingszwiebeln putzen, abspülen, abtropfen lassen und in 2 cm lange Stücke schneiden. Zwiebelstücke in kochendem Salzwasser etwa 1 Minute blanchieren, auf ein Sieb geben, mit kaltem Wasser abschrecken und abtropfen lassen.

3 Lachs in kleine Stücke schneiden. Tomaten abspülen, abtrocknen, vierteln, entkernen und die Stängelansätze herausschneiden. Tomatenviertel in kleine Stücke schneiden. Kresse abspülen, trocken tupfen und abschneiden. Etwas Kresse zum Garnieren beiseitelegen.

4 Zwiebel-, Lachsstücke, Tomatenwürfel, Kresse und Forellenkaviar zu den Kartoffelscheiben geben und vorsichtig mischen.

5 Für die Sauce Eigelb mit Sherry, Senf, Salz und Pfeffer in einer Rührschüssel mit Handrührgerät mit Rührbesen zu einer dicklichen Cremesauce aufschlagen. Speiseöl in Mengen von 1–2 Esslöffeln nach und nach unterschlagen (bei dieser Zubereitung ist es nicht notwendig, das Speiseöl tropfenweise zuzusetzen, die an das Eigelb gegebenen Gewürze verhindern eine Gerinnung). Die Sauce mit Salz, Pfeffer, Essig und Knoblauch abschmecken und unter die Salatzutaten heben. Den Salat einige Stunden im Kühlschrank durchziehen lassen. Zum Servieren den Salat mit der beiseite gelegten Kresse bestreuen.

Tipp

Hinweis: Nur ganz frische Eier verwenden, die nicht älter als 5 Tage sind (Legedatum beachten!). Den Salat im Kühlschrank aufbewahren und innerhalb von 24 Stunden verzehren.

Glasnudel-Mango-Salat mit Garnelen

Zubereitungszeit: 30 Minuten

4 Portionen | Pro Portion: E: 21 g, F: 14 g, Kh: 40 g, kJ: 1596, kcal: 381 | Etwas Besonderes

Zutaten

100 g Glasnudeln

2 Bio-Limetten (unbehandelt)

1 Bio-Orange (unbehandelt)

1 rote Chilischote

1 kleine reife Mango

½ Topf Basilikum

½ Topf Koriander

2 EL Sesamöl

Salz

frisch gemahlener Pfeffer

1–2 EL Sonnenblumenöl

400 g Garnelen (roh, ohne Kopf, geschält und entdarmt)

1 EL Sonnenblumenöl

1–2 EL flüssiger Honig

Zubereitung

1 Die Glasnudeln nach Packungsanleitung zubereiten, dann auf einem Sieb abtropfen lassen.

2 Limetten und Orange heiß abspülen und abtrocknen. Von einer Limette und der Orange etwas Schale abreiben und den Saft auspressen. Die zweite Limette zum Garnieren beiseitelegen.

3 Chilischote längs halbieren, entstielen, entkernen, abspülen, abtrocknen und in kleine Streifen schneiden. Mango halbieren, den Stein herausschneiden. Mango schälen und das Fruchtfleisch in feine Streifen schneiden.

4 Basilikum und Koriander abspülen, trocken tupfen und die Blättchen von den Stängeln zupfen. Einige Blättchen zum Garnieren beiseitelegen. Restliche Blättchen fein schneiden.

5 Orangensaft mit abgeriebener Orangenschale, Sesamöl und Chilistreifen verrühren. Orangenmarinade mit Salz und Pfeffer abschmecken.

6 Öl in einer Pfanne erhitzen. Garnelen unter fließendem kalten Wasser abspülen und trocken tupfen. Garnelen in die Pfanne geben und unter Wenden darin braten, bis sie sich rot gefärbt haben.

7 Glasnudeln mit einer Küchenschere in mundgerechte Stücke schneiden. Mangostreifen, Orangenmarinade und Korianderblättchen unterrühren.

8 Sonnenblumenöl mit Honig, geriebener Limettenschale, -saft und Basilikum verrühren, mit Salz und Pfeffer abschmecken. Limettenmarinade mit den Garnelen vermischen und auf dem Glasnudel-Mango-Salat anrichten. Beiseite gelegte Limette in Scheiben schneiden. Salat mit Limettenscheiben und beiseite gelegten Kräuterblättchen garnieren.

Tipp

Wenn Sie keine Bio-Limetten bekommen, dann können Sie diese auch durch Bio-Zitronen ersetzen.

Garnelen mit Gemüse-Pilz-Salat

Zubereitungszeit: 30 Minuten, ohne Marinierzeit

4 Portionen | Pro Portion: E: 25 g, F: 24 g, Kh: 11 g, kJ: 1506, kcal: 361 | Für Gäste

Zutaten

350 g Garnelen (ohne Schale)

100 ml Distelöl

150 ml Olivenöl

500 g grüner Spargel

2 große Möhren

4 dünne Stangen Staudensellerie

300 g Champignons

200 g frische Pfifferlinge
oder 2 kleine Gläser Pfifferlinge
(Abtropfgewicht je 185 g)

6 EL Olivenöl

1 Topf Petersilie

2 EL Chiliöl

1 EL flüssiger Honig

Salz

frisch gemahlener Pfeffer

Außerdem:

4 Schaschlikspieße

Zubereitung

1 Garnelen unter fließendem kalten Wasser abspülen, trocken tupfen und evtl. entdarmen. Distel- und Olivenöl miteinander verrühren und die Garnelen kalt gestellt etwa 1 Stunde darin marinieren, dabei nach etwa der Hälfte der Zeit einmal umrühren.

2 Vom Spargel das untere Drittel schälen und die unteren Enden abschneiden. Spargel in etwa 3 cm lange Stücke schneiden, abspülen und abtropfen lassen. Möhren putzen, schälen, waschen und abtropfen lassen. Möhren in 3 cm lange Stücke schneiden und diese, je nach Dicke, längs vierteln oder achteln.

3 Staudensellerie putzen, waschen und abtropfen lassen. Die harten Außenfäden abziehen, die Stangen je nach Dicke längs halbieren oder vierteln und in 3 cm lange Stücke schneiden. Frische Pilze putzen, kurz abspülen und gut abtropfen lassen. Pilze aus dem Glas nur abtropfen lassen. Pilze je nach Größe halbieren oder vierteln.

4 Öl in einer großen Pfanne erhitzen und Pilze, Spargel- und Möhrenstücke darin anbraten, dann unter Rühren etwa 3 Minuten dünsten. Selleriestücke hinzufügen und etwa 5 Minuten mitdünsten. Gemüse-Pilz-Mischung aus der Pfanne nehmen.

5 Petersilie abspülen, trocken tupfen und die Blättchen von den Stängeln zupfen. Blättchen fein hacken und 2 Esslöffel gehackte Petersilie zum Garnieren beiseitelegen. Chiliöl mit Honig und der restlichen gehackten Petersilie verrühren, mit Salz und Pfeffer würzen und unter die Gemüse-Pilz-Mischung rühren.

6 Garnelen aus der Marinade nehmen und etwas abtropfen lassen. Garnelen auf 4 Schaschlikspieße stecken. 1–2 Esslöffel von dem Marinieröl in der Pfanne erhitzen und Garnelenspieße darin von allen Seiten braten. Gemüse-Pilz-Mischung mit den Garnelenspießen und beiseite gelegter Petersilie bestreut servieren.

Tipp

Wer das Gemüse nicht so knackig mag, kann die Spargel-, Sellerie und Möhrenstücke vor dem Braten kurz blanchieren.
Exotischer wird der Salat, wenn Sie die Möhren durch das in Spalten geschnittene Fruchtfleisch einer halben Papaya ersetzen.

Käse-Thunfisch-Salat

Zubereitungszeit: 40 Minuten, ohne Durchziehzeit

8–10 Portionen | Pro Portion: E: 35 g, F: 38 g, Kh: 6 g, kJ: 2113, kcal: 505 | Für Gäste

3 Dosen Thunfisch naturell (Abtropfgewicht je 175 g)

9 hart gekochte Eier

500 g Gouda

2 rote Paprikaschoten

3 Zwiebeln

6 Gewürzgurken

Salz

frisch gemahlener Pfeffer

½ TL Zucker

4 EL Salatmayonnaise

150 g Naturjoghurt

4 Stängel Basilikum

1 Thunfisch auf einem Sieb abtropfen lassen und etwas zerpflücken. Eier pellen und in Scheiben schneiden. Käse in Würfel schneiden.

2 Paprikaschoten halbieren, entstielen, entkernen und die weißen Scheidewände entfernen. Schoten waschen, abtropfen lassen und in Würfel schneiden. Zwiebeln abziehen und fein würfeln. Gewürzgurken ebenfalls in kleine Würfel schneiden.

3 Alle Zutaten miteinander vermischen und mit Salz, Pfeffer und Zucker abschmecken. Mayonnaise mit Joghurt verrühren und unterheben. Den Salat kalt gestellt gut durchziehen lassen.

4 Basilikum abspülen, trocken tupfen und die Blättchen von den Stängeln zupfen. Blättchen fein schneiden und unter den Salat geben. Vor dem Servieren den Salat nochmals abschmecken.

Tipp

Zwiebelbrot schmeckt besonders gut dazu. Richten Sie den Salat portionsweise auf Friséesalatblättern an.
Statt der Gewürzgurken können auch Tomaten, in Scheiben geschnitten, verwendet werden. Die Salatzutaten schichten, die Mayonnaise-Joghurt-Mischung als Abschluss darauf verteilen und Schnittlauchröllchen darauf streuen.

Salat mit Bismarckhering und Senf-Dill-Dressing

Zubereitungszeit: 40 Minuten

4–6 Portionen I Pro Portion: E: 18 g, F: 17 g, Kh: 13 g, kJ: 1219, kcal: 291 I Raffiniert

Für das Senf-Dill-Dressing:

200 g saure Sahne

150 g Naturjoghurt (3,5 % Fett)

2–3 TL milder Senf

1 Prise Zucker

Salz

frisch gemahlener Pfeffer

½ Bund Dill

200 g Gewürz- oder Salzgurken

1 Glas eingelegter Kürbis (Abtropfgewicht 200 g)

1 Glas Bismarckheringe (Abtropfgewicht 250 g)

2 mittelgroße Äpfel

1 Kopf heller Eichblatt- oder Kopfsalat

4–6 hart gekochte Eier

1 Für das Dressing saure Sahne mit Joghurt und Senf verrühren und mit Zucker, Salz und Pfeffer abschmecken. Dill abspülen, trocken tupfen und einen Dillstängel zum Garnieren beiseitelegen. Von den restlichen Stängeln die Spitzen abzupfen, fein hacken und unter das Dressing rühren.

2 Gewürzgurken, Kürbisstücke und Heringsfilets gut abtropfen lassen und in kleinere Stücke schneiden. Äpfel waschen, abtrocknen, vierteln und entkernen. Äpfel in Spalten schneiden. Gurken, Kürbis, Hering und Äpfel vorsichtig miteinander vermischen.

3 Salat putzen, waschen, gut abtropfen lassen oder trocken schleudern und in mundgerechte Stücke zupfen. Eier pellen und in Spalten schneiden.

4 Salatblätter auf einer Platte anrichten. Heringsmischung und Eierspalten darauf anrichten und mit dem beiseite gelegten, klein gezupften Dillstängeln garnieren.

Kartoffelsalat mit Räucherfisch

Zubereitungszeit: 60 Minuten, ohne Abkühl- und Durchziehzeit

4–6 Portionen | Pro Portion: E: 27 g, F: 20 g, Kh: 23 g, kJ: 1601, kcal: 382 | Etwas teurer

700 g kleine festkochende Kartoffeln

Salz

500 g Schillerlocken (Räucherfisch)

1 Glas Silberzwiebeln (Abtropfgewicht 180 g)

1 Glas Gewürzgurken (Abtropfgewicht 180 g)

250 g Radieschen

150 g magerer durchwachsener Speck

Für die Marinade:

250 ml (¼ l) Gemüsebrühe

4 EL Weißweinessig

4 EL Speiseöl

Salz

frisch gemahlener Pfeffer

etwas Zucker

1 Kartoffeln gründlich waschen, mit Wasser bedeckt zum Kochen bringen, Salz zugeben und zugedeckt in 20–25 Minuten gar kochen. Kartoffeln abgießen, mit kaltem Wasser abschrecken, abtropfen lassen, sofort pellen und lauwarm abkühlen lassen. Kartoffeln in Scheiben schneiden und in eine große Schüssel geben.

2 Schillerlocken schräg in dünne Scheiben schneiden. Silberzwiebeln und Gurken auf einem Sieb abtropfen lassen. Gurken in Scheiben schneiden. Radieschen putzen, waschen, trocken tupfen und ebenfalls in Scheiben schneiden.

3 Speck in kleine Würfel schneiden und in einer erhitzten Pfanne unter Wenden anbraten.

4 Für die Marinade Brühe, Essig und Speiseöl in einem Topf verrühren und erwärmen. Marinade mit Salz, Pfeffer und Zucker abschmecken.

5 Schillerlocken-, Radieschenscheiben, Silberzwiebeln, Gurkenscheiben und Speckwürfeln mit den Kartoffelscheiben mischen. Die Marinade hinzugießen und vorsichtig mit den Salatzutaten vermengen.

6 Den Salat etwa 2 Stunden kalt stellen und durchziehen lassen.

Tipp

Sie können den Salat schon am Vortag zubereiten.
Statt der Schillerlocken können Sie auch anderen Räucherfisch, z. B. geräucherten Lachs verwenden.

Endivien-Melonen-Salat mit Zanderfilet

Zubereitungszeit: 30 Minuten

4 Portionen | Pro Portion: E: 31 g, F: 11 g, Kh: 17 g, kJ: 1252, kcal: 299 | Fruchtig

½ Zuckermelone, z. B. Galiamelone (etwa 500 g Fruchtfleisch)

2 EL Apfelessig

1 TL Zitronensaft

Salz

frisch gemahlener Pfeffer

Zucker

2 EL Olivenöl

1 EL Haselnussöl

1 Kopf Endivien- oder Kopfsalat

1 Salatgurke

½ kleine Chilischote

600 g Zanderfilet

2 EL Olivenöl

1 Melone entkernen und schälen. Für das Dressing 150 g Fruchtfleisch abwiegen, grob würfeln und dann fein pürieren. Melonenpüree mit Essig und Zitronensaft verrühren und mit Salz, Pfeffer und Zucker würzen. Beide Ölsorten unterschlagen.

2 Restliches Melonenfleisch in Würfel schneiden. Salat putzen, waschen und gut abtropfen lassen oder trocken schleudern. Salatblätter in mundgerechte Stücke schneiden.

3 Gurke waschen, abtrocknen und die Enden abschneiden. Gurke längs halbieren und entkernen. Gurke in Scheiben oder Stücke schneiden.

4 Chilischote längs halbieren, entstielen, entkernen, waschen und abtropfen lassen. Chilischote in kleine Ringe oder Stücke schneiden.

5 Melonen- und Gurkenstücke, Salat und Chili vorsichtig vermischen und auf einer Platte anrichten.

6 Fischfilet unter fließendem kalten Wasser abspülen, trocken tupfen und mit Salz und Pfeffer bestreuen. Fischfilet in 4 Portionen teilen. Olivenöl in einer beschichteten Pfanne erhitzen und die Filets darin von jeder Seite etwa 4 Minuten braten. Salat mit dem Dressing beträufeln. Filets in Stücke schneiden und auf dem Salat anrichten.

Tipp

Zu den Zuckermelonen gehören Honig-, Kantalup- und Netzmelonen. Verwenden Sie für dieses Dressing aromatische, reife Früchte. Prüfen Sie beim Kauf Reife und Aroma. Duftet die Melone durch die Schale zart süßlich und gibt der Stielansatz auf Druck leicht nach, ist die Melone reif für den Verzehr. Ersetzen Sie das Zanderfilet durch geräuchertes Forellenfilet.

Calamares-Kartoffel-Salat

Zubereitungszeit: 60 Minuten, ohne Durchziehzeit

6–8 Portionen | Pro Portion: E: 20 g, F: 34 g, Kh: 18 g, kJ: 1923, kcal: 460 | Für Gäste

Zutaten

500 g festkochende Kartoffeln

Salz

Für das Dressing:

75 g durchwachsener, gewürfelter Speck

3 EL Traubenkernöl

6 TL Walnussöl

3 EL Rotweinessig

6 EL heiße Fleischbrühe

2 Eigelb

1 TL mittelscharfer Senf

Salz

frisch gemahlener Pfeffer

etwas Zucker

1 kg kleine Calamares (küchenfertig)

4 Schalotten

2 Knoblauchzehen

4 Tomaten

6 EL Olivenöl

1 EL Basilikumstreifen

120 g Feldsalat

Zubereitung

1 Kartoffeln gründlich waschen, mit Wasser bedeckt zum Kochen bringen, Salz zugeben und in 20–25 Minuten mit Deckel gar kochen.

2 Für das Dressing Speckwürfel in einer Pfanne auslassen, herausnehmen, mit Traubenkern-, Nussöl, Essig, Brühe und Eigelb verrühren. Dressing mit Senf, Salz, Pfeffer und Zucker abschmecken.

3 Die garen Kartoffeln abgießen, mit kaltem Wasser abschrecken, abtropfen lassen und sofort pellen. Kartoffeln in Scheiben schneiden, in eine Schüssel geben und sofort mit dem Dressing übergießen. Salat gut durchziehen lassen.

4 Calamares enthäuten, putzen, auswaschen (evtl. wässern, bis das Wasser klar ist), abtropfen lassen und in Ringe schneiden. Schalotten und Knoblauch abziehen, in kleine Würfel schneiden.

5 Tomaten abspülen, kreuzweise einschneiden und einige Sekunden in kochendes Wasser legen. Tomaten kurz mit kaltem Wasser abschrecken, enthäuten, halbieren, entkernen und Stängelansätze herausschneiden. Tomaten in große Würfel schneiden.

6 Olivenöl in einer Pfanne erhitzen. Schalotten- und Knoblauchwürfel darin andünsten. Calamaresringe hinzufügen und 2–3 Minuten mit andünsten, mit Salz und Pfeffer würzen. Tomatenwürfel vorsichtig unterheben und Basilikumstreifen hinzugeben. Nochmals mit den Gewürzen abschmecken.

7 Feldsalat putzen, waschen, gut abtropfen lassen oder trocken schleudern. Salatzutaten auf dem Feldsalat anrichten.

Tipp

Hinweis: Nur ganz frische Eier verwenden, die nicht älter als 5 Tage sind (Legedatum beachten!). Den Salat im Kühlschrank aufbewahren und innerhalb von 24 Stunden verzehren.

Geschichteter Heringssalat

Zubereitungszeit: 35 Minuten, ohne Durchziehzeit

4 Portionen | Pro Portion: E: 52 g, F: 42 g, Kh: 20 g, kJ: 2821, kcal: 673 | Beliebt

200 g gekochtes Rindfleisch oder durchgegarter Roastbeefaufschnitt

4 hart gekochte Eier

3 mittelgroße, gegarte, geschälte Pellkartoffeln

2 Zwiebeln

1 Glas Rote Bete (Abtropfgewicht 220 g)

3 doppelte Matjesfilets (etwa 600 g)

4 mittlere Gewürzgurken

Für die Sauce:

1–2 geh. EL Salatmayonnaise

150 g saure Sahne

2–3 EL Rote-Bete-Saft

Salz

frisch gemahlener Pfeffer

etwas Zucker

etwas Weißweinessig

1 Rindfleisch oder Roastbeef in Streifen schneiden. Eier pellen und vierteln oder achteln. Kartoffeln in Scheiben schneiden.

2 Zwiebeln abziehen, halbieren und in Streifen schneiden. Rote Bete auf einem Sieb abtropfen lassen, dabei den Saft auffangen. Rote Bete evtl. in Scheiben schneiden.

3 Matjesfilets in 2 cm große Stücke schneiden, dabei die Gräten entfernen. Gurken in Scheiben schneiden.

4 Für die Sauce Mayonnaise mit saurer Sahne und Rote-Bete-Saft verrühren. Sauce mit Salz, Pfeffer, Zucker und Essig kräftig abschmecken.

5 Abwechselnd die Zutaten der Reihe nach in eine hohe, große Schüssel schichten, dabei die Kartoffeln mit Salz bestreuen und jeweils etwas von der Sauce darauf träufeln. Die Salatoberfläche mit der restlichen Sauce bedecken. Den Salat kalt gestellt mindestens 30 Minuten durchziehen lassen.

Schichtsalat mit Forellenfilets

Zubereitungszeit: 30 Minuten, ohne Durchziehzeit

4–6 Portionen | Pro Portion: E: 25 g, F: 16 g, Kh: 18 g, kJ: 1354, kcal: 324 | Für Gäste

1 kleiner Kopf Eisbergsalat

1 Fenchelknolle

1 Dose Mandarinen
(Abtropfgewicht 175 g)

2 rote Äpfel

1–2 EL Zitronensaft

500 g geräucherte Forellenfilets

Für die Sauce:

3–4 EL Sahnemeerrettich

75 g Naturjoghurt

150 g Schmand oder Crème fraîche

etwas Mandarinensaft

Salz

frisch gemahlener Pfeffer

½ Bund Dill

1 Eisbergsalat putzen, waschen und trocken schleudern. Salat in kleine Stücke zupfen. Von der Fenchelknolle den Stiel dicht oberhalb der Knolle abschneiden, braune Stellen und Blätter entfernen und das Wurzelende gerade schneiden. Die Knolle waschen, halbieren und in dünne Scheiben schneiden.

2 Mandarinen auf einem Sieb abtropfen lassen, dabei den Saft auffangen. Äpfel waschen, abtrocknen, vierteln, entkernen, in kleine Stücke schneiden und mit Zitronensaft beträufeln. Forellenfilets evtl. entgräten und in nicht zu kleine Stücke schneiden.

3 Für die Sauce Sahnemeerrettich mit Joghurt und Schmand oder Crème fraîche und etwas Mandarinensaft verrühren. Salatsauce mit Salz und Pfeffer würzen. Dill abspülen und trocken tupfen. Einige Dillstängel kleiner zupfen und zum Garnieren beiseitelegen. Von den restlichen Dillstängeln die Spitzen abzupfen. Spitzen fein schneiden und unter die Sauce rühren.

4 Die vorbereiteten Salatzutaten nacheinander in eine hohe Schüssel schichten, dabei zwischendurch jeweils etwas von der Sauce darüber geben. Salat etwa 1 Stunde kalt gestellt durchziehen lassen. Zum Servieren den Salat mit den beiseite gelegten Dillstängeln garnieren.

Tipp

Anstatt Forellenfilets können Sie auch Matjesfilets verwenden.

Räucherlachs-Reis-Salat

Zubereitungszeit: 30 Minuten, ohne Abkühl- und Durchziehzeit

4 Portionen | Pro Portion: E: 16 g, F: 8 g, Kh: 43 g, kJ: 1319, kcal: 313 | Fettarm

175 g Wildreis-Langkornreis-Mischung

Für das Dressing:

1 Dose Gemüsemais (Abtropfgewicht 140 g)

2 Frühlingszwiebeln

200 g Naturjoghurt (3,5 % Fett)

100 g saure Sahne

Salz

frisch gemahlener Pfeffer

1 TL Currypulver

½ Kopf- oder Endiviensalat

75 g Radieschensprossen

150 g geräucherter Lachs in Scheiben

1 Reis nach Packungsanleitung zubereiten und erkalten lassen.

2 Für das Dressing Mais auf einem Sieb abtropfen lassen. Frühlingszwiebeln putzen, abspülen, gut abtropfen lassen und in feine Ringe schneiden. Joghurt mit saurer Sahne verrühren und mit Salz, Pfeffer und Curry abschmecken. Mais und Frühlingszwiebelringe unter das Dressing rühren.

3 Das Dressing mit dem Reis vermengen und 1 Stunde kalt gestellt durchziehen lassen.

4 Salat putzen, waschen und gut abtropfen lassen oder trocken schleudern. Salat in mundgerechte Stücke zupfen. Sprossen abspülen und gut abtropfen lassen.

5 Reis nochmals mit Salz, Pfeffer und Curry abschmecken. 4 Portionsschälchen mit dem Salat auslegen, Reismischung darauf verteilen und die Lachsscheiben darauf geben. Zum Schluss die Sprossen in kleinen Häufchen darauf setzen und den Salat servieren.

Garnelen-Reis-Salat

Zubereitungszeit: 30 Minuten, ohne Abkühl- und Durchziehzeit

4 Portionen | Pro Portion: E: 25 g, F: 17 g, Kh: 43 g, kJ: 1829, kcal: 435 | Für Gäste

175 g Wildreis-Langkornreis-Mischung

Für das Dressing:

1 Dose Gemüsemais (Abtropfgewicht 140 g)

2 Frühlingszwiebeln

200 g Naturjoghurt (3,5 % Fett)

100 g saure Sahne

Salz

frisch gemahlener Pfeffer

1 TL Currypulver

200 g Brokkoli

75 g Radieschensprossen

150 g Gouda

150 g gegarte Garnelen (ohne Schale und Schwanz)

1 Reis nach Packungsanleitung zubereiten und erkalten lassen.

2 Für das Dressing Mais auf einem Sieb abtropfen lassen. Frühlingszwiebeln putzen, abspülen, gut abtropfen lassen und in feine Ringe schneiden. Joghurt mit saurer Sahne verrühren und mit Salz, Pfeffer und Curry abschmecken. Mais und Frühlingszwiebelringe unter das Dressing rühren.

3 Das Dressing mit dem Reis vermengen und 1 Stunde kalt gestellt durchziehen lassen.

4 Brokkoli putzen und in kleine Röschen teilen. Brokkoliröschen waschen und abtropfen lassen. Salzwasser in einem Topf zum Kochen bringen und die Brokkoliröschen darin 5–7 Minuten garen. Dann die Brokkoliröschen mit kaltem Wasser abschrecken, abtropfen und erkalten lassen.

5 Sprossen abspülen und gut abtropfen lassen. Käse in Streifen schneiden. Reis nochmals mit Salz, Pfeffer und Curry abschmecken. Reismischung vorsichtig mit Brokkoliröschen, Käsestreifen und Garnelen mischen und in 4 Portionsschälchen anrichten. Salat mit Sprossen garniert servieren.

Grüner Melonensalat

Zubereitungszeit: 30 Minuten

4 Portionen | Pro Portion: E: 2 g, F: 9 g, Kh: 9 g, kJ: 548, kcal: 131 | Einfach

1 Ogen-Melone
(etwa 250 g Fruchtfleisch)

1 Kopf Frisée-Salat

150 g Feldsalat

Für die Sauce:

Saft von 1 Zitrone

Salz

gemahlener weißer Pfeffer

1 TL Zucker

3–4 EL Sonnenblumenöl

1 Melone halbieren und entkernen. Aus dem Fruchtfleisch kleine Kugeln ausstechen oder das Fruchtfleisch in Würfel schneiden.

2 Von dem Frisée-Salat die äußeren welken Blätter entfernen, die anderen vom Strunk lösen. Salatblätter waschen, trocken schleudern und in mundgerechte Stücke zupfen.

3 Von dem Feldsalat die Wurzelenden abschneiden. Schlechte Blätter entfernen, den Salat gründlich waschen und gut abtropfen lassen oder trocken schleudern.

4 Die beiden Salate vorsichtig miteinander vermischen und in eine Schüssel geben. Die Melonenkugeln oder -würfel darauf geben.

5 Für die Sauce Zitronensaft mit Salz, Pfeffer und Zucker verrühren. Öl unterschlagen, evtl. die Sauce nochmals abschmecken und über den Salat träufeln.

Tipp

Ogen-Melonen gehören zu den Kantalup-Melonen. Sie haben eine grünlich glatte Schale und gelb-grünliches Fruchtfleisch.

Obstsalat mit Knusperflocken

Zubereitungszeit: 15 Minuten

4 Portionen | Pro Portion: E: 4 g, F: 2 g, Kh: 49 g, kJ: 977, kcal: 238 | Schnell gemacht

200 g blaue Weintrauben

2 Äpfel (je 150 g)

2 Bananen
(je 150 g, geschält gewogen)

Saft von 2 Orangen

4 TL flüssiger Honig

8 EL Vollkorn-Haferflocken (80 g)

1 Trauben und Äpfel waschen und trocken tupfen. Trauben halbieren, evtl. entkernen. Äpfel vierteln, entkernen und in Stücke schneiden. Bananen schälen und in dünne Scheiben schneiden.

2 Orangensaft mit zwei Teelöffeln des Honigs verrühren und sofort mit den Obststücken mischen.

3 Haferflocken in einer Pfanne ohne Fett unter Rühren goldgelb rösten. Salat mit Haferflocken bestreuen und mit dem restlichen Honig beträufeln.

Feiner Obstsalat

Zubereitungszeit: 40 Minuten

4 Portionen | Pro Portion: E: 6 g, F: 8 g, Kh: 61 g, kJ: 1543, kcal: 369 | Beliebt

3 mittelgroße Äpfel

1 Mango

4 Nektarinen

4 Kiwis

2 Orangen

250 g Erdbeeren

3–4 EL Zitronensaft

4 EL Orangensaft

50 g Zucker

50 g abgezogene, gehobelte Mandeln

1 Äpfel schälen, vierteln und entkernen. Mango halbieren, das Fruchtfleisch vom Stein lösen und schälen. Nektarinen waschen, abtrocknen, halbieren und entsteinen. Kiwis schälen. Das Obst in Spalten schneiden.

2 Orangen so schälen, dass die weiße Haut mit entfernt wird. Orangenfilets herausschneiden. Erdbeeren waschen, gut abtropfen lassen, entstielen und in Stücke schneiden. Obstspalten, -stücke und -filets vorsichtig miteinander vermischen.

3 Zitronensaft mit Orangensaft und Zucker verrühren und unter das Obst mischen. Mandeln in einer Pfanne ohne Fett rösten und den Obstsalat damit bestreuen.

Tipp

**Dazu schmeckt Schlagsahne (nach Belieben mit Eierlikör abgeschmeckt) oder Vanillesauce.
Die Zutaten für den Obstsalat können natürlich variieren und sollten der Saison angepasst sein.**

Exotischer Obstsalat

Zubereitungszeit: 30 Minuten, ohne Kühlzeit

4 Portionen | Pro Portion: E: 2 g, F: 12 g, Kh: 46 g, kJ: 1344, kcal: 323 | Raffiniert

1 Papaya (etwa 350 g)

1 Baby-Ananas

2 Kiwis

½ Galiamelone

1 rosa Grapefruit

1 Granatapfel

1 EL Zucker

Für die Zitronensauce:

1 Becher (150 g) Crème fraîche

2–3 EL Milch

1 EL Zucker

Saft von 1 Zitrone

1 EL gehackte Zitronenmelisse

1 Papaya längs halbieren, die Kerne mit einem Teelöffel herauslösen. Die Schale vom Fruchtfleisch schälen und das Fruchtfleisch in kleine Stücke schneiden. Von der Ananas Schopf mit Stielansatz und dem obersten Stück Schale abschneiden, die Frucht der Länge nach halbieren und vierteln, von jedem Viertel den inneren Strunk entfernen. Die Frucht mit einem Messer schälen und in kleine Würfel schneiden.

2 Kiwis schälen. Melone entkernen und schälen. Kiwi- und Melonenfruchtfleisch klein schneiden. Grapefruit so schälen, dass die weiße Haut vollständig entfernt wird. Fruchtfleisch herausschneiden und halbieren. Granatapfel quer halbieren und Kerne herauslösen. Alle Obstsorten mit dem Zucker vermengen und zugedeckt etwa 1 Stunde kalt stellen.

3 Für die Zitronensauce Crème fraîche mit Milch, Zucker, Zitronensaft und -melisse verrühren. Die Sauce zum Obstsalat servieren.

Beeren-Ananas-Salat

Zubereitungszeit: 10 Minuten

2 Portionen | Pro Portion: E: 4 g, F: 1 g, Kh: 57 g, kJ: 1118, kcal: 267 | Zum Mitnehmen geeignet

Saft von 1 Zitrone

1 EL flüssiger Honig

1 Msp. gemahlener Zimt

2 Bananen (je 150 g)

200 g frisches Ananasfruchtfleisch

150 g TK-Beerencocktail

2 Vollkornreiswaffeln (je 12 g)

1 Zitronensaft mit Honig und Zimt verrühren. Bananen schälen, in dünne Scheiben schneiden und mit der Zitronensaftmischung verrühren.

2 Ananasfruchtfleisch in kleine Stücke schneiden und mit den gefrorenen Beeren unterheben. Den Salat mindestens 30 Minuten durchziehen lassen. Dazu die Reiswaffeln reichen.

Tipp

Dieser Salat schmeckt am besten, wenn er Zeit zum Durchziehen hat und eignet sich deshalb gut zum Mitnehmen.

Pikant fruchtiger Eisbergsalat

Zubereitungszeit: 20 Minuten

4 Portionen | Pro Portion: E: 3 g, F: 20 g, Kh: 35 g, kJ: 1468, kcal: 351 | Schnell

1 kleiner Kopf Eisbergsalat

1 Dose Mandarinen (Abtropfgewicht 175 g)

1 Dose Ananasringe (Abtropfgewicht 340 g)

250 g blaue Weintrauben

Für die Sauce:

250 g Schlagsahne

Saft von 1 Zitrone

etwas Zucker

Salz

frisch gemahlener Pfeffer

etwas Currypulver

1 Den Eisbergsalat putzen, vierteln, waschen und gut abtropfen lassen. Salat in Streifen schneiden.

2 Mandarinen und Ananas auf ein Sieb geben und abtropfen lassen. Ananas in Stücke schneiden. Weintrauben waschen, abtrocknen, halbieren und entkernen. Die Salatzutaten in eine Schüssel geben.

3 Für die Sauce Sahne mit Zitronensaft halb steif schlagen und mit Zucker, Salz, Pfeffer und Currypulver würzen. Die Sauce vorsichtig mit den Salatzutaten mischen. Den Salat sofort servieren.

Tipp

Zusätzlich gewürfelten Blauschimmelkäse oder gehackte Walnusskerne unterheben.

Obstsalat mit Mandeln

Zubereitungszeit: 30 Minuten

4 Portionen | Pro Portion: E: 5 g, F: 6 g, Kh: 42 g, kJ: 1066, kcal: 255 | Für Kinder

2–3 EL gestiftelte Mandeln

4 Kiwis

2 Bananen

4 Orangen

4 Äpfel

2–3 EL Zitronensaft

evtl. 1 EL Honig oder Apfeldicksaft

1 Die Mandeln in einer kleinen Pfanne ohne Fett hellbraun rösten, dann auf einem Teller erkalten lassen.

2 Kiwis und Bananen schälen und in kleine Stücke schneiden. Die Orangen so schälen, dass die weiße Haut mit entfernt wird. Orangen ebenfalls in kleine Stücke schneiden, dabei den Saft auffangen.

3 Äpfel waschen und abtrocknen oder schälen. Äpfel vierteln und entkernen. Äpfel in Stücke schneiden.

4 Das vorbereitete Obst und den aufgefangenen Saft in eine Schüssel geben. Salat kurz durchziehen lassen. Zum Servieren den Obstsalat mit Mandeln bestreuen.

Melonensalat mit Vanillequark

Zubereitungszeit: 25 Minuten

4 Portionen | Pro Portion: E: 17 g, F: 7 g, Kh: 24 g, kJ: 975, kcal: 232 | Für Gäste

Zutaten

4 kleine Netzmelonen

4 rote Johannisbeerrispen

500 g Speisequark (20 % Fett)

1 Vanilleschote

1 Pck. Dr. Oetker Vanillin-Zucker

Saft von 1 Zitrone

Zubereitung

1 Die Melonen im oberen Drittel ringsherum bis zur Mitte zickzackförmig einschneiden und den oberen Teil abheben. Kerne mit einem Löffel herausschaben. Das Fruchtfleisch mit einem Kugelausstecher herausstechen oder die Melonen mit einem Löffel aushöhlen. Das Fruchtfleisch in Würfel schneiden und ausgehöhlte Melonen kalt stellen.

2 Johannisbeerrispen abspülen und trocken tupfen. Quark in eine Schüssel geben. Vanilleschote der Länge nach aufschlitzen und das Vanillemark herausschaben. Vanillemark mit dem Vanillin-Zucker unter den Quark rühren. Vanillequark mit Zitronensaft abschmecken.

3 Melonenkugeln oder -würfel in die ausgehöhlten Melonen füllen und eine Quarkhaube und Johannisbeerrispen darauf setzen.

Tipp

Netzmelonen haben eine mit einem groben weißlichen bis hellbraunen Netz überzogene Schale. Ihr Fruchtfleisch ist lachsorange bis grünlich und sehr aromatisch.

Beschwipster Obstteller

Zubereitungszeit: 35 Minuten, ohne Durchziehzeit

4 Portionen | Pro Portion: E: 5 g, F: 7 g, Kh: 52 g, kJ: 1585, kcal: 379 | Mit Alkohol

4 große Bio-Orangen (unbehandelt)

2 Granatäpfel (etwa 600 g)

125 g frische Datteln

50 g Pinienkerne

3–4 EL Zitronensaft

125 ml (⅛ l) Grand Marnier

20 ml Amaretto

1 TL gesiebter Puderzucker

1 Orangen waschen und abtrocknen. Von einer Orange die Schale abreiben. Orangen so schälen, dass die weiße Haut mit entfernt wird. Orangenfruchtfleisch mit einem scharfen Messer filetieren, dabei den Saft auffangen. Orangenfilets evtl. halbieren.

2 Granatäpfel halbieren und die Kerne mit einem Löffel herausholen. Datteln waschen, abtropfen lassen, entsteinen und in Streifen schneiden.

3 Pinienkerne in einer Pfanne ohne Fett goldbraun rösten und mit dem Obst vermengen.

4 Zitronensaft mit aufgefangenem Orangensaft, Grand Marnier, Amaretto, Puderzucker und abgeriebener Orangenschale verrühren, über das Obst gießen und durchziehen lassen.

Tipp

Den Obstsalat mit einigen Minzeblättchen garnieren. Die Pinienkerne können auch durch abgezogene, gestiftelte Mandeln oder Pistazienkerne ersetzt werden.

Obstsalat mit Maraschino

Zubereitungszeit: 45 Minuten, ohne Durchziehzeit

4–6 Portionen | Pro Portion: E: 2 g, F: 1 g, Kh: 46 g, kJ: 890, kcal: 212 | Mit Alkohol

Zutaten

1 Dose Aprikosenhälften (Abtropfgewicht 240 g) oder 5 frische Aprikosen

4 reife Pfirsiche

2 Mandarinen

2 reife Birnen

2 mittelgroße Äpfel

je 125 g blaue und grüne Weintrauben

2 Scheiben frische Ananas oder Ananasscheiben aus der Dose

2 EL Maraschino-Kirschen

2 EL gesiebter Puderzucker

2–3 EL Zitronensaft

2 EL Maraschino-Likör

Zubereitung

1 Aprikosenhälften auf einem Sieb abtropfen lassen. Frische Aprikosen und Pfirsiche mit kochendem Wasser übergießen, dann mit kaltem Wasser abschrecken. Aprikosen und Pfirsiche enthäuten, halbieren und entkernen. Pfirsiche in Spalten schneiden.

2 Mandarinen schälen, in Spalten teilen und evtl. entkernen. Birnen und Äpfel schälen, halbieren, entkernen und in Spalten schneiden. Weintrauben waschen, abtropfen lassen, halbieren und entkernen. Frische Ananasscheiben in Stücke schneiden oder Ananasscheiben aus der Dose auf einem Sieb abtropfen lassen und ebenfalls in Stücke schneiden.

3 Das vorbereitete Obst und die Maraschino-Kirschen in einer Schüssel gut vermengen. Puderzucker mit Zitronensaft und Likör verrühren und hinzufügen.

4 Den Obstsalat in eine Glasschüssel füllen, kalt stellen und gut durchziehen lassen.

Joghurt-Dressing (im Foto hinten)

Zubereitungszeit: 5–10 Minuten

4 Portionen I Pro Portion: E: 2 g, F: 1 g, Kh: 4 g, kJ: 182, kcal: 44 I Einfach

300 g Naturjoghurt (1,5 % Fett)

Saft von 1 Zitrone, Zucker

Salz, frisch gemahlener Pfeffer

einige Stängel Zitronenmelisse

1 Joghurt mit Zitronensaft verrühren und mit Zucker, Salz und Pfeffer abschmecken.

2 Zitronenmelisse abspülen und trocken tupfen. Die Blättchen von den Stängeln zupfen, fein hacken und unter die Sauce rühren.

Kräuter-Vinaigrette (im Foto vorn)

Zubereitungszeit: 15 Minuten

4–6 Portionen I Pro Portion: E: 0 g, F: 20 g, Kh: 1 g, kJ: 760, kcal: 782 I Klassisch

½ TL mittelscharfer Senf

2 EL Kräuter- oder Balsamico-Essig

Salz, frisch gemahlener Pfeffer

1 Prise Zucker, 100 ml Olivenöl

3 Knoblauchzehen

einige gemischte Kräuterstängel, z. B. Petersilie, Schnittlauch, Basilikum, Kresse

1 Senf mit Essig verrühren und mit Salz, Pfeffer, Zucker abschmecken. Öl unterschlagen.

2 Knoblauch abziehen und fein hacken. Kräuter abspülen und trocken tupfen. Blättchen von den Stängeln zupfen und fein hacken. Knoblauch und Kräuter unter die Vinaigrette rühren.

Thousand-Island-Dressing (im Foto rechts Mitte)

Zubereitungszeit: 20 Minuten

4 Portionen I Pro Portion: E: 2 g, F: 17 g, Kh: 7 g, kJ: 816, kcal: 195 I Klassisch

125 g Salatmayonnaise, 75 g Naturjoghurt, 3–4 EL Milch, 3 EL Tomatenketchup, 1 TL Paprikapulver edelsüß, ½ TL Cayennepfeffer, 1 TL Weißweinessig, 2–3 Tropfen Tabasco, 1 EL gewürfelte rote und gelbe Paprikaschote, 1 EL gehackte Petersilie oder Schnittlauchröllchen

1 Mayonnaise mit Joghurt, Milch, Ketchup, Paprikapulver, Cayennepfeffer, Essig und Tabasco verrühren.

2 Paprikawürfel und Kräuter unter die Mayonnaise-Masse rühren.

Mango-Chutney-Dressing (im Foto oben)

Zubereitungszeit: 10 Minuten
4 Portionen | Pro Portion: E: 1 g, F: 13 g, Kh: 7 g, kJ: 645, kcal: 154 | Feinfruchtig

50 g Mango-Chutney (aus dem Glas)

2–3 EL Zitronensaft

75 g Joghurt-Salatcreme

100 g Schmand

Salz

frisch gemahlener Pfeffer

einige Spritzer Tabasco

1 Mango-Chutney evtl. durch ein feines Sieb streichen und mit Zitronensaft verrühren. Joghurt-Salatcreme und Schmand unterrühren. Dressing mit Salz, Pfeffer und Tabasco würzig abschmecken.

Tipp

Dieses Dressing passt zu Reis-, Eier- und Gemüsesalaten, Salaten mit Geflügel, Krustentieren oder Rindfleisch ebenso wie zu Blattsalaten, z. B. Radicchio, Römersalat, Löwenzahn, Frisée, Endivie, Chicorée und Chinakohl.
Das Dressing hält sich gut verschlossen etwa 3 Tage im Kühlschrank.

Apfel-Senf-Vinaigrette (im Foto unten)

Zubereitungszeit: 10 Minuten
4–6 Portionen | Pro Portion: E: 8 g, F: 11 g, Kh: 3 g, kJ: 502, kcal: 120 | Pikant

1 Stängel Rosmarin

1 Schalotte

½ Apfel

2 EL Apfel-Essig

1 TL Apfel-Dicksaft
oder ¼ TL Zucker

½ TL körniger Senf

Salz

frisch gemahlener Pfeffer

2 EL Distel- oder Sonnenblumenöl

1 EL Kürbiskernöl

2 EL geröstete, gesalzene Kürbiskerne

1 Rosmarin abspülen, trocken tupfen und die Nadeln von dem Stängel zupfen. Rosmarin sehr fein hacken. Schalotte abziehen. Apfel schälen, vierteln und entkernen. Schalotte und Apfel fein würfeln.

2 Essig mit Dicksaft oder Zucker und Senf verrühren und mit Rosmarin, Salz und Pfeffer abschmecken. Ölsorten unterschlagen. Schalotten- und Apfelwürfel und Kürbiskerne unter das Dressing rühren.

Tipp

Die Vinaigrette passt zu Blattsalaten, wie z. B. Rauke, Blattspinat, Römersalat oder Endivie sowie Blattsalaten mit Gemüse, z. B. Möhren oder Fenchel. Die Vinaigrette hält sich verschlossen etwa 3 Tage im Kühlschrank.

Pikantes Himbeer-Dressing (im Foto oben)

Zubereitungszeit: 10 Minuten

4 Portionen | Pro Portion: E: 0 g, F: 6 g, Kh: 2 g, kJ: 294, kcal: 70 | Fruchtig

100 g Himbeeren

½ TL Zucker

2 EL Balsam-Essig

1 TL milder Senf

½ TL Dr. Oetker Finesse Orangenschalen-Aroma

Salz

frisch gemahlener Pfeffer

2–3 EL Oliven- oder Distelöl

1 Himbeeren verlesen, evtl. abspülen und vorsichtig trocken tupfen. Beeren pürieren oder fein zerdrücken und durch ein feines Sieb streichen.

2 Zucker mit Essig verrühren und so lange rühren, bis der Zucker gelöst ist. Himbeerpüree, Senf und Aroma unterrühren und mit Salz und Pfeffer würzen. Öl unterschlagen.

Tipp

Dieses Dressing passt zu Blattsalaten, wie z. B. Radicchio, Eichblattsalat, Feldsalat, Chicorée, Lollo Rossa, Batavia mit Ziegenkäse und gehackten Nüssen.

Klassisches Italien-Dressing (im Foto links)

Zubereitungszeit: 10 Minuten

4 Portionen | Pro Portion: E: 0 g, F: 11 g, Kh: 1 g, kJ: 456, kcal: 109 | Beliebt

1 kleine Zwiebel

einige frische Kräuterstängel, z. B. Basilikum, Rosmarin, Thymian oder 1 TL TK-Kräutermischung

75 ml Zitronensaft

1 Prise Zucker

Salz

frisch gemahlener Pfeffer

4–5 EL Olivenöl

1 Zwiebel abziehen und sehr fein würfeln. Kräuterstängel abspülen, trocken tupfen und die Blättchen und Nadeln von den Stängeln zupfen. Blättchen und Nadeln fein hacken.

2 Zitronensaft mit Zucker, Salz und Pfeffer verrühren. Öl unterschlagen und Kräuter unterrühren. Das Dressing nochmals mit Salz und Pfeffer abschmecken.

Tipp

Nach Belieben noch eine halbe fein gehackte Knoblauchzehe unterrühren. Das Dressing passt besonders gut zu Tomatensalat, Blattsalaten, wie z. B. Endivie, Kopfsalat, Chicorée, Feldsalat, Batavia, Eichblatt, Radicchio-Salaten mit Pasta und Gemüse.

Pesto-Dressing (im Foto oben)

Zubereitungszeit: 5 Minuten

4 Portionen I Pro Portion: E: 2 g, F: 3 g, Kh: 4 g, kJ: 254, kcal: 61 I Schnell

1 Knoblauchzehe

75 g saure Sahne

100 g Naturjoghurt (1,5 % Fett)

1–2 TL Pesto (aus dem Glas)

Salz

frisch gemahlener Pfeffer

30 g getrocknete Tomaten in Öl

1 Frühlingszwiebel

1 Knoblauch abziehen und fein hacken. Saure Sahne mit Joghurt, Pesto und Knoblauch verrühren und mit Salz und Pfeffer würzen.

2 Tomaten abtropfen lassen und sehr fein würfeln. Frühlingszwiebel putzen, abspülen, abtropfen lassen und in feine Ringe schneiden. Tomaten und Zwiebelringe unter das Dressing rühren.

Tipp

Dieses Dressing passt zu kräftigen Blattsalaten, wie z. B. Rauke, Römersalat, Radicchio, Chicorée, Frisée oder Endivie. Aber auch zu Kartoffel- oder Nudelsalaten und gemischten Salaten mit Ei.

Oliven-Vinaigrette (im Foto unten)

Zubereitungszeit: 10 Minuten

4 Portionen I Pro Portion: E: 1 g, F: 17 g, Kh: 2 g, kJ: 671, kcal: 160 I Würzig

1 Knoblauchzehe

1 Schalotte

75 g schwarze Oliven ohne Stein

3 EL Balsamico-Essig

2 EL Wasser

1 TL mittelscharfer Senf

Salz

frisch gemahlener Pfeffer

etwas Zucker

4 EL Olivenöl oder eine Mischung aus 2 EL Olivenöl und 2 EL Zitronenöl

einige Stängel glatte Petersilie

1 Knoblauch und Schalotte abziehen. Knoblauch, Schalotte und Oliven sehr fein hacken.

2 Essig mit Wasser, Senf, Knoblauch, Schalotte und Oliven verrühren und mit Salz, Pfeffer und Zucker abschmecken.

3 Öl oder Ölmischung unterschlagen. Petersilie abspülen, trocken tupfen, die Blättchen von den Stängeln zupfen und fein hacken. Petersilie unterrühren.

Tipp

Dieses Dressing passt zu kräftigen Salaten, wie Römersalat, Endivie oder Radicchio ebenso wie zu Tomaten- und Bohnensalat. Das Dressing hält sich gut verschlossen im Kühlschrank etwa 2 Tage.
Statt fein gehackter Oliven können Sie auch 2–3 Esslöffel Tapenade (schwarze oder grüne Olivenpaste) oder getrocknete Tomaten in Öl verwenden.

Minz-Joghurt-Dressing (im Foto oben)

Zubereitungszeit: 5 Minuten

4 Portionen I Pro Portion: E: 2 g, F: 7 g, Kh: 3 g, kJ: 373, kcal: 89 I Schnell

einige Stängel Pfefferminze

1 Knoblauchzehe

250 g Naturjoghurt

2 EL Olivenöl

1 Prise gemahlener Kreuzkümmel (Cumin)

Salz, frisch gemahlener Pfeffer

1 Pfefferminze abspülen, trocken tupfen und die Blättchen von den Stängeln zupfen. Blättchen in feine Streifen schneiden. Knoblauch abziehen und fein hacken.

2 Joghurt mit Öl, Kreuzkümmel und Knoblauch verrühren. Pfefferminze unterrühren und mit Salz und Pfeffer abschmecken.

Sesam-Honig-Dressing (im Foto vorn)

Zubereitungszeit: 10 Minuten

4 Portionen I Pro Portion: E: 1 g, F: 13 g, Kh: 3 g, kJ: 556, kcal: 133 I Raffiniert

1 ½ EL geschälte Sesamsamen

einige Stängel Thymian oder Oregano

1 TL flüssiger Honig

½ TL milder Senf

2–3 EL Weißweinessig

4 EL frisch gepresster Orangensaft

Salz, frisch gemahlener Pfeffer

4 EL Sonnenblumen- oder Rapsöl

1 Sesamsamen in einer Pfanne ohne Fett hellbraun rösten, dann erkalten lassen.

2 Kräuter abspülen, trocken tupfen und die Blättchen von den Stängeln zupfen. Blättchen hacken. Honig mit Senf, Essig, Orangensaft und Kräutern verrühren, mit Salz und Pfeffer würzen. Öl unterschlagen und Sesam unterrühren.

Curry-Ei-Dressing (im Foto links)

Zubereitungszeit: 15 Minuten

4 Portionen I Pro Portion: E: 6 g, F: 8 g, Kh: 3 g, kJ: 478, kcal: 144 I Pikant

1 Bund Schnittlauch

2 hart gekochte Eier

150 g saure Sahne, 150 g Naturjoghurt

Salz, frisch gemahlener Pfeffer

¼ TL Currypulver

1 Schnittlauch abspülen, trocken tupfen und in feine Röllchen schneiden. Eier pellen und in feine Würfel schneiden.

2 Saure Sahne mit Joghurt verrühren und mit Salz, Pfeffer und Curry abschmecken. Schnittlauchröllchen und Eierwürfel unterrühren.

Tapenade-Dressing (im Foto oben)

Zubereitungszeit: 15 Minuten

4–6 Portionen I Pro Portion: E: 1 g, F: 21 g, Kh: 1 g, kJ: 825, kcal: 197 I Schnell

100 g gemischte Oliven ohne Stein

20 g Sardellenfilets aus dem Glas

4 EL Balsamico-Essig

8 EL Olivenöl

1 Knoblauchzehe

frisch gemahlener Pfeffer

1 Oliven in kleine Stücke schneiden. Sardellen abtropfen lassen und klein schneiden. Oliven und Sardellen in einem hohen Rührbecher mit einem Mixstab pürieren. Essig hinzufügen und Olivenöl unterschlagen.

2 Knoblauch abziehen, fein hacken und unter das Dressing rühren. Tapenade-Dressing mit Pfeffer abschmecken.

Tipp

Dieses Dressing mit etwa 750 g lauwarmen Kartoffelscheiben, aus festkochenden Kartoffeln, mischen.
Außerdem ist es zu Tomaten-Mozzarella-Salat und gegarten Gemüsesalaten, wie z. B. Paprika, Zucchini und Aubergine sehr lecker.

Thunfisch-Dressing (im Foto unten)

Zubereitungszeit: 10 Minuten

4 Portionen I Pro Portion: E: 8 g, F: 16 g, Kh: 5 g, kJ: 799, kcal: 191 I Würzig

50 g eingelegte, gegrillte Paprika (aus dem Glas oder der Feinkosttheke)

1 Dose Thunfisch in Öl (Abtropfgewicht 140 g)

1 Knoblauchzehe

1 Schalotte

1 kleine rote Chilischote

1 EL Olivenöl

3–4 EL Zitronensaft

50 ml Gemüsebrühe

100 g Joghurt-Salatcreme

Salz, frisch gemahlener Pfeffer

3–4 Stängel Basilikum

1 Paprika und Thunfisch getrennt abtropfen lassen. Knoblauch und Schalotte abziehen und sehr fein würfeln. Chili halbieren, entstielen und entkernen. Schote abspülen, trocken tupfen und grob hacken.

2 Paprika in kleine Stücke schneiden und mit Knoblauch, Schalotte, Chili, Thunfisch, Olivenöl, Zitronensaft und Brühe in einen hohen Rührbecher oder Mixer geben und grob pürieren.

3 Salatcreme unter das Püree rühren. Dressing mit Salz, Pfeffer und evtl. Zitronensaft abschmecken. Basilikum abspülen, trocken tupfen und die Blättchen von den Stängeln zupfen. Basilikum fein schneiden und unterrühren.

Allgemeine Hinweise

Hinweise zu den Rezepten

Lesen Sie bitte vor der Zubereitung – besser noch vor dem Einkaufen – das Rezept einmal vollständig durch. Oft werden Arbeitsabläufe oder -zusammenhänge dann klarer.

Zutatenliste

Die Zutaten sind in der Reihenfolge ihrer Verarbeitung aufgeführt.

Arbeitsschritte

Die Arbeitsschritte sind einzeln hervorgehoben, in der Reihenfolge, in der wir sie ausprobiert haben.

Abkürzungen

EL	=	Esslöffel
TL	=	Teelöffel
Msp.	=	Messerspitze
Pck.	=	Packung/Päckchen
g	=	Gramm
kg	=	Kilogramm
ml	=	Milliliter
l	=	Liter
evtl.	=	eventuell
geh.	=	gehäuft
gestr.	=	gestrichen
TK	=	Tiefkühlprodukt
°C	=	Grad Celsius
ø	=	Durchmesser

Kalorien-/Nährwertangaben

E	=	Eiweiß
F	=	Fett
Kh	=	Kohlenhydrate
kJ	=	Kilojoule
kcal	=	Kilokalorie

Kapitelregister

Salate mit Eiern und Käse

Vegetarische- und Gemüsesalate

Nudel- und Kartoffelsalate

Salate mit Fleisch und Wurst

Salate mit Fisch und Meeresfrüchten

Obstsalate

Dressings und Vinaigrettes

Genehmigte Lizenzausgabe für Verlagsgruppe Weltbild GmbH, Steinerne Furt, 86167 Augsburg

Redaktion Jasmin Gromzik, Miriam Krampitz

Titelfoto Kai Boxhammer (Fotostudio Diercks), Hamburg

Innenfotos Walter Cimbal, Hamburg (S. 142)
Fotostudio Diercks (Thomas Diercks, Kai Boxhammer, Christiane Krüger), Hamburg (S. 13, 24, 25, 30, 44, 45, 47, 49, 50, 51, 54, 57, 65, 67, 69, 71, 73, 74, 76, 77, 78, 79, 80, 81, 83, 89, 93, 95, 106, 107, 113, 119, 121, 123, 124, 127, 131, 137, 145, 151)
Ulli Hartmann, Halle/Westf. (S. 29, 34, 75, 102, 104, 111, 117, 133, 141, 143)
Antje Plewinski, Berlin (S. 21, 38, 100, 103, 147)
Hans-Joachim Schmidt, Hamburg (S. 5, 7, 8, 9, 11, 14, 15, 17, 20, 23, 27, 33, 43, 53, 59, 61, 63, 85, 87, 91, 97, 99, 109, 115, 116, 125, 129, 134, 135, 138, 139, 140, 144, 149, 153, 155, 157)
Axel Struwe, Bielefeld (S. 105)
Norbert Toelle, Bielefeld (S. 35)
Brigitte Wegner, Bielefeld (S. 10, 16, 19, 31, 36, 37, 39, 40, 41, 55, 58, 88, 101, 132)

Titelgestaltung kontur:design GmbH, Bielefeld
Grafisches Konzept kontur:design GmbH, Bielefeld
Gestaltung und Satz MDH Haselhorst, Bielefeld

Druck und Bindung Neografia, a.s. printing house, Martin

ISBN 978-3-8289-1409-4

2012 2011 2010
Die letzte Jahreszahl gibt die aktuelle Lizenzausgabe an.